Unterwegs in Spanien

Unterwegs in
Spanien

Redewendungen • Vokabeln • Extratipps

GONDROM

Konzept und Producing: twinbooks, München
Text und Redaktion: twinbooks, München
(Gabi Lange, Stefanie Guim Marcé)
Covergestaltung: Dietmar Stammel
Umschlagfoto: MEV, Augsburg

011

ISBN 3-8112-2583-9

5 4 3 2 1

www.gondrom-verlag.de

Inhalt

Lautzeichen	Anwendungsbeispiele
Vokale	
[a]	gracias
[ɛ]	verde
[e]	semana
[i]	billete
[ĭ]	viaje
[ɔ]	ahora
[o]	hola
[u]	dulce
[ŭ]	puente
Konsonanten	
[b]	bocadillo
[ƀ]	privado
[d]	día
[đ]	cálido
[f]	frío
[g]	gambas
[g̱]	alegría
[x]	mujer
[j]	playa
[k]	comer
[l]	luz
[ʎ]	amarillo
[m]	malo
[n]	no
[ɲ]	señor
[ŋ]	blanco
[p]	poco
[r]	hora
[rr]	rojo
[s]	sí
[z]	metabolismo
[t]	turista
[θ]	sucio
[tʃ]	coche

In diesem Reisesprachführer wird die Internationale Lautschrift verwendet.

Begrüßen und Verabschieden

Begrüßen

Hallo! Hola [ˈola]

Guten Tag! Buenos días! [ˈbŭenɔs ˈdias]

Guten Abend! Buenas noches! [ˈbŭenas ˈnotʃes]

Wir haben uns schon lange nicht mehr gesehen.
Hace mucho que no nos vemos.
[ˈaθe ˈmutʃo ke no nɔs ˈbemɔs]

Es ist bestimmt schon ... Jahre/Monate/Wochen her.
Ya hará ... años/meses/semanas.
[ja aˈra … ˈaɲɔs/ˈmeses/seˈmanas]

Herzlich willkommen! Bienvenidos. [bĭembeˈniđɔs]

Schön, Sie/dich zu sehen!
Qué alegría verle/-te. [ke aleˈgria ˈƀɛrle/-te]

Verabschieden

Auf Wiedersehen! Adiós. [aˈđĭɔs]

Tschüss! Chao. [tʃaɔ]

Bis bald! Hasta pronto. [ˈasta ˈprɔnto]

Bis morgen! Hasta mañana. [ˈasta maˈɲana]

Mach's/Macht's gut!
Qué lo pases/paséis bien. [ˈke lo paˈsɛĭs ƀĭen]

Gute Nacht! Buenas noches. [ˈbŭenas ˈnotʃes]

Alles Gute! Mucha suerte. [ˈmutʃa ˈsŭɛrte]

Es ist schon spät. Wir müssen gehen.
Ya es tarde. Tenemos que irnos.
[ja es ˈtarđe teˈnemɔs ke ˈirnɔs]

Ich wünsche euch einen schönen Tag/Abend!
Os deseo una buena tarde/noche.
[ɔs deˈseo ˈuna ˈƀŭena ˈtarđe/ˈnotʃe]

Allgemeine Redewendungen

Sich vorstellen

Ich heiße ... Me llamo ... [me ˈʎamo]

Wie heißen Sie?
¿Cómo se llama usted? [ˈkomo se ˈʎama usˈteđ]

Das ist meine Frau/mein Mann.
Ésta/e es mi mujer/marido. [ˈesta/e es mi muˈxɛr/maˈriđo]

Wer ist Herr/Frau ...?
¿Quién es el señor/la señora ...?
[kĭen es ɛl seˈɲɔr/la seˈɲora]

Sind Sie Herr/Frau ...?
¿Usted es el señor/la señora ...?
[usteđ es el seˈɲɔr/la seˈɲora]

Darf ich Ihnen/euch Herrn ... vorstellen?
Permítame/permitidme que le/os presente al señor ...
[pɛrˈmitame/pɛrmiˈtiˈtiđme ke le/ɔs preˈsente al seˈɲɔr]

Ich möchte dich mit Frau ... bekannt machen.
Te quiero presentar a la señora ...
[te ˈkĭero presenˈtar a la seˈɲora]

Angenehm. Encantado/a. [eŋkanˈtađo/a]

Befinden

Wie geht es Ihnen/dir?
¿Cómo está usted/estás? [ˈkomo esˈta usˈteđ/esˈtas]

Mir geht es gut. **Estoy bien.** [esˈtoi ƀĭen]
... schlecht. **... mal.** [mal]
... so lala. **... así asá.** [aˈsi aˈsa]

Es könnte besser gehen.
Podría ser mejor. [poˈđria sɛr meˈxɔr]

Das ist schön zu hören. **Me alegra oirlo.** [me aˈlegra oˈirlo]

Das tut mir Leid. **Lo siento.** [lo ˈsĭento]

Fragen und Bitten

Wie viel Uhr ist es? **¿Qué hora es?** [ke ˈora es]

Welchen Tag haben wir heute?
¿Qué día es hoy? [ke ˈdia es ɔĭ]

Wo ist die Touristeninformation?
¿Dónde está la oficina de turismo?
[ˈdɔnde esˈta la ofiˈθina de tuˈrizmo]

Was kostet das? **¿Cuánto vale?** [ˈkŭanto ˈbale]

Würden Sie bitte ein Foto von uns machen?
¿Podría hacernos una foto? [poˈđria aθˈernɔs ˈuna ˈfoto]

Sie müssen nur hier drücken.
Sólo hay que apretar aquí. [ˈsolo ˈaĭ ke apreˈtar aˈki]

Können Sie mir bitte ein Taxi bestellen?
¿Me podría llamar un taxi, por favor?
[me poˈđria ʎaˈmar un ˈtagsi pɔr faˈƀɔr]

Bitte fahren Sie mich in die ...-Straße.
Por favor, lléveme a la calle ...
[pɔr faˈƀɔr ˈʎeƀeme a la ˈkaʎe]

Einen Augenblick bitte.
Un momento, por favor. [un moˈmento pɔr faˈƀɔr]

Können Sie/kannst du mir helfen?
¿Me puede/puedes ayudar? [me ˈpŭˈeđe/ˈpŭˈeđes ajuˈđar]

Kann ich Ihnen/dir helfen?
¿Le/te puedo ayudar? [le/te ˈpŭˈeđo ajuˈdar]

Vielen Dank, das ist sehr nett von Ihnen/dir.
Muchas gracias, muy agradecido.
[ˈmutʃas ˈgraθĭas mŭi agrađeˈθiđo]

Vielen Dank für Ihre/deine Hilfe.
Muchas gracias por su/tu ayuda.
[ˈmutʃas ˈgraθĭas pɔr su/tu aˈjŭda]

Gern geschehen. De nada. [de ˈnada]

Bitte. Por favor. [pɔr faˈƀɔr]

Danke. Gracias. [ˈgraθĭas]

Natürlich, das ist kein Problem.
Naturalmente, no es ningún problema.
[naturalˈmente no es niŋˈgun proˈƀlema]

Das ist doch nicht nötig.
No es necesario. [no es neθeˈsarĭo]

Das macht doch nichts. No importa. [no imˈpɔrta]

Das ist sehr freundlich von Ihnen/dir.
Es muy amable de su parte/tu parte.
[es mŭi aˈmaƀle de su ˈparte/tuˈparte]

Alter

Wie alt bist du?
¿Cuántos años tienes? [ˈkŭantɔs ˈaɲɔs ˈtĭenes]

Wann ist Ihr Geburtstag?
¿Cuándo es su cumpleaños? [ˈkŭando es su kumpleˈaɲos]

Ich bin ... Jahre alt. Tengo ... años. [ˈteŋgo … ˈaɲɔs]

Darf ich Sie nach Ihrem Alter fragen?
¿Me permite preguntarle su edad?
[me perˈmite pregunˈtarle su eˈđađ]

Sie sehen aber viel jünger aus.
Usted parece mucho más joven.
[usˈteđ paˈreθe ˈmutʃo mas ˈxoƀen]

Das hätte ich nicht gedacht.
No me lo hubiera imaginado.
[no me lo uˈƀĭera imaxiˈnađo]

Verständigung

Wie spricht man dieses Wort aus?
¿Cómo se pronuncia esta palabra?
[ˈkomo se proˈnunθĭa ˈesta paˈlabra]

Was bedeutet das? ¿Qué significa? [ke signiˈfika]

Sprechen Sie/sprichst du Deutsch oder Englisch?
¿Habla/hablas alemán o inglés?
[ˈabla/ˈablas aleˈman o iŋˈgles]

Wie bitte? Ich habe Sie/dich nicht verstanden.
¿Cómo? No le/te he entendido.
[ˈkomo no le/te e entenˈdiđo]

Entschuldigen Sie bitte! Disculpe. [disˈkulpe]

Können Sie das wiederholen?
¿Podría repetirlo? [poˈđria repeˈtirlo]

Kannst du mich verstehen?
¿Me puedes entender? [me ˈpŭeđes entenˈdɛr]

Können Sie bitte etwas langsamer/lauter sprechen?
¿Podría hablar más lento/alto?
[poˈđria aˈƀlar mas ˈlento/ˈalto]

Kannst du mir das buchstabieren?
¿Me lo podrías deletrear?
[me lo poˈđrias deletreˈar]

Bitte schreiben Sie mir das auf!
Por favor, escríbamelo. [pɔr faˈƀɔr esˈkriƀamelo]

Ich spreche nur sehr wenig ...
Sólo hablo poco ... [ˈsolo ˈaƀlo ˈpoko]

Glückwünsche

Herzlichen Glückwunsch! Felicidades. [feliθiˈđađes]

Alles Gute (zum Geburtstag)!
Feliz cumpleaños. [feˈliθ kumpleˈaɲos]

Viel Glück! Mucha suerte. [ˈmutʃa ˈsŭɛrte]

Viel Erfolg! Mucho éxito. [ˈmutʃo ˈɛgsito]

Frohe Weihnachten! Feliz Navidad. [feˈliθ naƀiˈđađ]

Frohe Ostern! Felices Pascuas. [feˈliθes ˈpaskŭas]

Gutes neues Jahr!
Un próspero año nuevo. [um ˈprɔspero ˈaɲo ˈnŭeƀo]

Vokabeln

alt	**viejo** [ˈbĭεxo]
Alter	**edad, la** [eˈđađ]
bitte	**por favor** [pɔr faˈƀɔr]
blau	**azul** [aˈθul]
danke	**gracias** [ˈgraθĭas]
deutsch	**alemán** [aleˈman]
Frau	**mujer, la** [muˈxεr]
Freund	**amigo, el** [aˈmigo]
Freundin	**amiga, la** [aˈmiga]
gelb	**amarillo** [amaˈriʎo]
gestern	**ayer** [aˈjεr]
grau	**gris** [gris]
groß	**grande** [ˈgrande]
grün	**verde** [ˈbεrđe]
gut	**bien** [ˈbĭˈen]
Herr	**señor, el** [seˈɲɔr]
heute	**hoy** [ɔĭ]
ja	**sí** [si]
Jahr	**año, el** [ˈaɲo]
jetzt	**ahora** [aˈɔra]
kalt	**frío** [frio]
klein	**pequeño** [peˈkeɲo]
Mann	**hombre, el** [ˈombre]
Monat	**mes, el** [mes]
morgen	**mañana** [maˈɲana]
nein	**no** [no]
rot	**rojo** [ˈrrɔxo]
schlecht	**malo** [ˈmalo]
schön	**bonito** [boˈnito]
schwarz	**negro** [ˈnegro]
Tag	**día, el** [ˈdia]

übermorgen	**pasado mañana** [pa'sađo ma'ɲana]
Uhrzeit	**hora, la** ['ora]
viel	**mucho** ['mutʃo]
vielleicht	**quizás** [ki'θas]
wahrscheinlich	**probablemente** [proƀaƀle'mente]
wann	**cuándo** ['kŭando]
warm	**caliente/cálido/caluroso** [ka'lĭente/'kalido/'kalu'roso]
warum	**por qué** [pɔr'ke]
was	**qué** [ke]
weiß	**blanco** ['blaŋko]
welche, -r, -s	**cuál** [kŭal]
wenig	**poco** ['poko]
wer	**quién** ['kĭen]
wie	**cómo** ['komo]
wo	**dónde** ['dɔnde]
Woche	**semana, la** [se'mana]

Höflichkeit und Smalltalk

Nett, Sie/dich kennen zu lernen.
Me alegro de conocerle/-te.
[me al'egrɔ đe kono'θɛrle/-te]

Wie heißen Sie? ¿Cómo se llama? ['komo se 'ʎama]

Wie heißt du? ¿Cómo te llamas? ['komo te 'ʎamas]

Was für ein schöner Name.
Qué nombre más bonito. [ke 'nɔmbre mas bo'nito]

Was bedeutet der Name?
¿Qué significa el nombre?
[ke signi'fika ɛl 'nɔmbre]

Ich heiße ... Me llamo ... [me ˈʎamo]

Hallo, wie geht es Ihnen?
Hola, ¿cómo está? [ˈola ˈkomo esˈta]
... dir? ... estás? [esˈtas]
... euch? ... estáis? [esˈtais]

Danke, mir/uns geht es gut.
Gracias, estoy/estamos bien.
[ˈgraθĭas esˈtoi/esˈtamos ˈbĭen]

Danke für die Einladung.
Gracias por la invitación. [ˈgraθĭas pɔr la imbitaˈθĭɔn]

Es hat mich sehr gefreut.
Me ha alegrado mucho. [me a aleˈgrađo ˈmutʃo]

Das ist eine gute Idee.
Es una buena idea. [es ˈuna ˈbŭena iˈdea]

Sie haben ein wunderschönes Haus.
Tiene una casa muy bonita. [ˈtĭene ˈuna ˈkasa mŭi boˈnita]

Sie tragen einen schönen Anzug.
Lleva un bonito traje. [ˈʎeƀa un boˈnito ˈtraxe]
... ein schönes Kleid.
... un bonito vestido. [um boˈnito besˈtiđo]

Heute hatten wir wirklich sehr schönes Wetter.
Hoy ha hecho muy buen tiempo.
[ɔĭ a ˈetʃo mŭi bŭen ˈtĭempo]

Wird es morgen wieder so schön?
Was denken Sie/denkst du?
¿Mañana hará buen tiempo otra vez?
¿Qué piensa/piensas?
[maˈɲana aˈra ˈbŭen ˈtĭempo ˈotra ƀeθ
ke ˈpĭensa/ˈpĭensas]

Woher stammen Sie/stammst du?
¿De dónde eres/es? [de ˈdɔnde ˈeres/es]

Ich komme aus ... Soy de ... [sɔĭ de]

Wo wohnen Sie/wohnst du?
¿Dónde vive usted/vives? [ˈdɔnde ˈƀiƀe/ˈƀiƀes]

Ich wohne in ... Vivo en ... [ˈƀiƀo en]

Machen Sie hier Urlaub?
¿Está de vacaciones aquí? [esˈta de ƀakaˈθĭones aˈki]

Sind Sie beruflich hier?
¿Está aquí por motivos de trabajo?
[esˈta aˈki pɔr moˈtiƀɔs traˈƀaxo]

Arbeiten Sie auch für die Firma ...?
¿Usted también trabaja para la empresa ...?
[usˈteđ tamˈbĭen traˈbaxa para la emˈpresa]

Nein, ich bin selbstständig.
No, soy autónomo. [no sɔĭ auˈtonomo]

Nein, ich arbeite für ...
No, trabajo para ... [no traˈbaxo para]

Ich bin Student. Soy estudiante. [sɔĭ estudiˈante]

Sind Sie hier zu Besuch?
¿Estás de visita aquí? [esˈtas de ƀiˈsita aˈki]

Was machen Sie hier?
¿Qué hace usted por aquí? [ke ˈaθe usˈteđ pɔr aˈki]

Ich mache einen Sprachkurs.
Hago un curso de idiomas. [ˈaɡo uŋ ˈkurso de ˈleŋgŭa]

Wie lange werden Sie bleiben?
¿Cuánto tiempo se quedará usted aquí?
[ˈkŭanto ˈtĭempo se kedaˈra usˈteđ aˈki]

Ich bleibe ... Wochen/Tage.
Me quedaré ... semanas/días.
[me keda're … se'manas/'dias]

Waren Sie/Warst du schon einmal hier?
¿Ya ha/has estado por aquí?
[ja a/as es'tađo pɔr a'ki]

Gefällt es Ihnen/dir gut hier?
¿Le/Te gusta este lugar? [le/te 'gusta es'te lu'gar]

Sind Sie/Bist du verheiratet?
¿Está/Estás casado? [es'ta/es'tas ka'sađo]

Haben Sie Geschwister?
¿Tiene hermanos? ['tĭene ɛr'manɔs]

Ich habe einen Bruder/eine Schwester.
Tengo un hermano/una hermana.
['teŋgo un ɛr'mano/'una ɛr'mana]

Ich bin Einzelkind. **Soy hijo único.** [sɔĭ 'ixo 'uniko]

Haben Sie Kinder? **¿Tiene hijos?** ['tĭene 'ixɔs]

Wie alt sind Ihre Kinder?
¿Cuántos años tienen sus hijos?
['kŭantos 'aŋɔs 'tĭenen sus 'ixɔs]

Meine Kinder gehen schon in die Schule.
Mis hijos ya van al colegio.
[mis 'ixɔs ja ƀan al ko'lɛxĭo]

Mein Mann wird nächste Woche nachkommen.
Er musste noch länger arbeiten.
Mi marido vendrá la semana que viene.
Ha tenido que quedarse trabajando.
[mi ma'riđo ƀen'dra la se'mana ke 'bĭene
a te'nido ke 'keđarse traba'xando]

Wie geht es Ihrer/deiner Familie?
¿Cómo está su/tu familia? [ˈkomo esˈta su/tu faˈmilĭa]

Danke, meiner Familie geht es sehr gut.
Gracias, mi familia está muy bien.
[ˈgraθĭas mi faˈmilĭa esˈta mŭi bĭen]

Kennen Sie Herrn/Frau ...?
¿Conoce usted al señor/a la señora ...?
[koˈnoθe al seˈŋɔr/la seˈŋɔra]

Nein, ich habe ihn/sie noch nicht kennen gelernt.
No, aún no lo/la he conocido.
[no aˈun no lo e konoˈθiđo]

Ja, ich kenne ihn/sie. Sí, le/la conozco. [si le/lo koˈnɔθko]

Waren Sie/Warst du schon am Meer?
¿Ya ha/has visto el mar? [ja a/as ˈƀisto ɛl mar]

Haben Sie/Hast du ... schon gesehen?
¿Ya ha/has visto a ...? [ja a/as ˈƀisto a]

Wohnen Sie/Wohnst du auch im Hotel ...?
¿También está/estás en el hotel ...?
[tamˈbĭen esˈta/esˈtas ɛn ɛl oˈtel]

Wollen wir etwas trinken gehen?
¿Vamos a tomar algo? [ˈbamos a toˈmar ˈalgo]

Ich bedaure, ich habe keine Zeit.
Lo siento, no tengo tiempo.
[lo ˈsĭento no ˈteŋgo ˈtĭempo]
... ich bin schon verabredet.
... ya tengo una cita. [ja ˈteŋgo ˈuna ˈθita]

Wie wäre es morgen?
¿Qué te parece mañana?
[ke te paˈreθe maˈɲana]

Es war ein sehr schöner Abend.
Ha sido una velada muy agradable.
[a ˈsiđo ˈuna ƀeˈlada mŭi agraˈdable]

Ja, das finde ich auch!
Sí, estoy de acuerdo.
[si esˈtɔĭ de aˈkŭɛrđo]

Wir haben uns/Ich habe mich sehr wohl gefühlt.
Hemos/He estado muy a gusto por aquí.
[ˈemɔs/e esˈtađo mŭi a ˈgusto pɔr aˈki]

Ich würde mich freuen, wenn wir in Kontakt bleiben könnten.
Me alegraría mucho mantener el contacto.
[me alegraˈria ˈmutʃo manteˈnɛr ɛl kɔnˈtakto]

Ich schreibe dir gerne meine Adresse auf.
Te apunto mi dirección con gusto.
[te aˈpunto mi direɛgˈθĭɔn kɔŋ ˈgusto]

Wir möchten am Sonntag in die Kirche gehen.
Nos gustaría ir a misa este domingo.
[me gustaˈria ir a ˈmisa ˈeste doˈmiŋgo]

In welcher Kirche findet ein katholischer/evangelischer Gottesdienst statt?
¿En qué iglesia hay misa católica/protestante?
[eŋ ke iˈglesĭa aĭ ˈmisa kaˈtolika/protesˈtante]

Wann beginnt der Gottesdienst?
¿Cuándo empieza la misa?
[ˈkŭando emˈpĭeθa la ˈmisa]

Wann findet hier eine heilige Messe statt?
¿Cuándo se celebra aquí la Santa Misa?
[ˈkŭando se θeˈlebra aˈki la ˈsanta ˈmisa]

Vokabeln

Adresse	**dirección, la** [dirɛgˈθĭ ɔn]
ankommen	**llegar** [ʎeˈgar]
Begegnung	**encuentro, el** [eŋˈkŭentro]
Beruf	**profesión, la** [profeˈsĭ ɔn]
beruflich	**profesional** [profesĭ oˈnal]
Besuch	**visita, la** [biˈsita]
besuchen	**visitar** [bisiˈtar]
Bruder	**hermano, el** [ɛrˈmano]
Campingplatz	**camping, el** [ˈkampiŋ]
Deutschland	**Alemania** [aleˈmanĭ a]
Einladung	**invitación, la** [imbitaˈθĭ ɔn]
einverstanden	**estar de acuerdo** [esˈtar de aˈkŭɛrdo]
Eltern	**padres, los** [ˈpađres]
Entschuldigung	**disculpa, la** [disˈkulpa]
erholen (sich)	**descansar** [deskanˈsar]
essen	**comer** [koˈmɛr]
Familie	**familia, la** [faˈmilĭ a]
Ferien	**vacaciones, las** [bakaˈθĭ ones]
fremd	**extraño** [esˈtraŋo]
Freude	**alegría, la** [aleˈgria]
freundlich	**amable** [aˈmaƀle]
Haus	**casa, la** [ˈkasa]
Hotel	**hotel, el** [ɔˈtɛl]
interessant	**interesante** [intereˈsante]
kennen lernen	**conocer** [konoˈθɛr]
Kind	**niño, el** [ˈniŋo]
Kontakt	**contacto, el** [kɔnˈtakto]
Land	**país, el** [paˈis]
Lebensgefährte	**compañero sentimental, el** [kɔmpaˈŋero sentimenˈtal]

Lebensgefährtin	**compañera sentimental, la** [kɔmpaˈɲera sentimenˈtal]
Leute	**gente, la** [ˈxente]
Meer	**mar, el** [mar]
Mutter	**madre, la** [ˈmađre]
natürlich	**naturalmente** [naturalˈmente]
normalerweise	**normalmente** [nɔrmalˈmente]
Österreich	**Austria** [ˈaŭstrĭa]
rauchen	**fumar** [fuˈmar]
Reise	**viaje, el** [ˈƀĭaxe]
Rundreise	**circuito, el** [θirˈkŭito]
Schweiz	**Suiza** [ˈsŭiθa]
Schwester	**hermana, la** [ɛrˈmana]
Schwiegermutter	**suegra, la** [ˈsŭegra]
Schwiegersohn	**yerno, el** [ˈjɛrno]
Schwiegertochter	**nuera, la** [ˈnŭera]
Schwiegervater	**suegro, el** [ˈsŭegro]
Sehenswürdigkeiten	**atracciones, las** [atragˈθĭones]
Sohn	**hijo, el** [ˈixo]
Spaß	**diversión, la** [diƀɛrˈsĭɔn]
sprechen	**hablar** [aˈblar]
Stadt	**ciudad, la** [θĭuˈđađ]
Strand	**playa, la** [ˈplaja]
Tochter	**hija, la** [ˈixa]
Tourist	**turista, el** [tuˈrista]
Treffen	**encuentro, el** [eŋˈkŭentro]
trinken	**beber** [beˈƀɛr]
Urlaub	**vacaciones, las** [bakaˈθĭones]
Vater	**padre, el** [ˈpađre]
verheiratet	**casado** [kaˈsado]
Verwandte	**pariente, el** [paˈrĭente]
Wasser	**agua, el** [ˈagŭa]

Beschwerden und Meinungsverschiedenheiten

Ich möchte mich beschweren.
Quiero quejarme. [ˈkĭero kɛˈxarme]

Ich möchte die Reiseleitung sprechen.
Quiero hablar con el guía. [ˈkĭero aˈblar kɔn ɛl ˈgia]

An wen muss ich mich wenden?
¿A quién me tengo que dirigir?
[a ˈkĭen me ˈteŋgo ke diriˈxir]

Die Klimaanlage funktioniert nicht richtig.
El aire acondicionado no funciona bien.
[ɛl ˈaire akondiθĭoˈnađo no funˈθĭona bĭen]

Ich glaube, das Telefon geht nicht.
Creo que el teléfono no funciona.
[ˈkreo ke el teˈlefono no funˈθĭona]

Der Wasserhahn tropft. **El grifo gotea.** [ɛl ˈgrifo goˈtea]

Wir haben kein warmes Wasser auf dem Zimmer.
No tenemos agua caliente en la habitación.
[no teˈnemɔs ˈagŭa kaˈlĭente en la abitaˈθĭɔn]

Dieser Mangel muss behoben werden.
Hay que remediar esta deficiencia.
[aĭ ke remeˈdiar ˈesta defiˈθĭenθĭa]

Das Zimmer ist zu laut. Wir können nicht schlafen.
Esta habitación es demasiado ruidosa. No podemos dormir.
[ˈesta abitaˈθĭɔn es demaˈsĭađo rrŭiˈđosa no poˈdemos dorˈmir]

Würden Sie bitte Ihren Fernseher/das Radio etwas leiser machen?
Podría bajar el volumen de su tele/la radio?
[po'dria ƀa'xar ɛl ƀo'lumen de su 'tele/la 'rradĭo]

Ich möchte ein anderes Zimmer haben.
Quiero otra habitación. ['kĭero 'otra abita'θĭɔn]

Ich bestehe darauf, dass ... **Insisto en que ...** [in'sisto eŋ ke]

Dafür erwarte ich Schadenersatz.
Espero que se me pague una indemnización por esto.
[es'pero ke se me 'page 'una indemniθa'θĭɔn pɔr 'esto]

Für diesen Reisepreis kann ich etwas Besseres verlangen.
Puedo exigir algo mejor por este precio.
[pŭeđo ɛgsi'xir 'algo mɛ'xɔr pɔr 'este 'preθĭo]

Damit bin ich nicht einverstanden.
No estoy de acuerdo con eso.
[no es'tɔĭ de a'kŭɛrđo kɔn 'eso]

Das ist eine Unverschämtheit.
Es una impertinencia. [es 'una impɛrti'nenθĭa]

Die Schuldfrage muss noch geklärt werden.
Aún hay que aclarar quién es el culpable.
[a'un aĭ ke akla'rar 'kĭen es el kul'paƀle]

Es wäre gut, wenn wir uns einigen.
Estaría bien que llegásemos a un acuerdo.
[esta'ria ƀĭ'en ke ʎe'gasemɔs a un a'kŭɛrđo]

Das war sicherlich ein Missverständnis.
Seguramente ha sido un malentendido.
[segura'mente a 'siđo un malenten'điđo]

Das ist mir aber unangenehm. **¡Qué fastidio!** [ke fas'tiđĭo]

Vokabeln

ablehnen	**rechazar** [rretʃaˈθar]
abreisen	**salir** [saˈlir]
Bauarbeiten	**obras de construcción, las** [ˈoƀras de kɔnstrŭgˈθĭɔn]
Baustelle	**terreno de obras, el** [tɛˈrrɛno de ˈoƀras]
Beeinträchtigung	**perjuicio, el** [perˈxŭˈiθĭo]
Beleidigung	**ofensa, la** [oˈfensa]
beschädigt	**roto** [ˈrroto]
defekt	**defectuoso** [defɛkˈtŭoso]
Einigung	**acuerdo, el** [aˈkŭɛrđo]
entschuldigen	**disculparse** [diskulˈparse]
Geschäftsführer	**director gerente, el** [dirɛkˈtɔr xeˈrente]
Hotelchef	**director del hotel, el** [dirɛkˈtɔr dɛl oˈtɛl]
laut	**ruidoso** [rrŭiˈđoso]
Missverständnis	**malentendido, el** [malentenˈđiđo]
Qualität	**calidad, la** [kaliˈdad]
Schaden	**daño, el** [ˈdaɲo]
schlecht	**malo** [ˈmalo]
schmutzig	**sucio** [ˈsuθĭo]
Schuld	**culpa, la** [ˈkulpa]
unfreundlich	**poco amable** [ˈpoko aˈmaƀle]
unnachgiebig	**rígido** [ˈrrixiđo]
Unverschämtheit	**frescura, la** [frɛsˈcura]
Vorgesetzter	**superior, el** [supeˈrĭɔr]
Zimmermädchen	**mujer que hace las habitationes, la** [muˈxɛr ke ˈaθe las aƀitaˈθĭones]
Zimmerservice	**servicio de habitaciones, el** [serˈƀiθio de aƀitaˈθĭones]

Telefonieren

Wo ist das nächste Telefon?
¿Dónde está el teléfono más cercano?
[ˈdɔnde esˈta ɛl teˈlefono mas θɛrˈkano]

Kann ich hier telefonieren?
¿Puedo hacer una llamada por aquí?
[ˈpŭeđo aˈθɛr ˈuna ʎaˈmađa]

Wo kann ich eine Telefonkarte kaufen?
¿Dónde puedo comprar una tarjeta telefónica?
[ˈdɔnde ˈpŭeđo kɔmˈprar ˈuna tarˈxeta teleˈfonika]

Entschuldigung, ich bräuchte Münzen zum Telefonieren. Können Sie mir diesen Schein wechseln?
Perdón, necesitaría monedas para hacer una llamada. ¿Me podría cambiar este billete en monedas?
[pɛrˈđɔn neθesitaˈria moˈneđas ˈpara aˈθɛr ˈuna ʎaˈmađa me poˈdria kamˈbĭar ˈeste biˈʎete em moneđas]

Wie ist deine/Ihre Nummer?
¿Cuál es tu/su número? [ˈkŭal es tu/su ˈnumero]

Meine Nummer lautet ...
Mi número es ... [mi ˈnumero es]

Können Sie mir bitte die Nummer von ... geben?
¿Me podría dar el número de ...?
[me poˈđria dar ɛl ˈnumero de]

Wie ist die Vorwahl nach ...?
¿Cuál es el prefijo para ...? [ˈkŭal es ɛl preˈfixo]

Ich müsste dringend telefonieren.
Tengo que llamar urgentemente.
[teŋgo ke ʎaˈmar urxenteˈmente]

Entschuldigung, ich habe mich verwählt.
Perdón, me he equivocado al marcar.
[pɛrˈđɔn me e ekiƀoˈkađo al marˈkar]

Mit wem spreche ich? **¿Con quién hablo?** [kɔn ˈkĭen ˈablo]

Ich möchte bitte mit Herrn/Frau ... sprechen.
Quisiera hablar con el señor/la señora ..., por favor.
[kiˈsĭera aˈblar kɔn ɛl seˈɲɔr/la seˈɲora … pɔr faˈƀɔr]

Am Apparat. **Soy yo.** [sɔĭ jo]

Einen Moment, ich verbinde.
Un momento, le paso. [um moˈmento le ˈpaso]

Er/Sie ist im Moment nicht da. Kann ich etwas ausrichten?
Él/Ella no está ahora mismo. ¿Quiere dejarle un recado?
[el/ˈeʎa no esˈta aˈora ˈmismo ˈkĭere đeˈxarle un rrɛˈkađo]

Ich rufe später noch einmal an.
Vuelvo a llamar más tarde. [ˈbŭelƀo a ʎaˈmar mas ˈtarđe]

Wir haben gestern schon einmal miteinander telefoniert.
Ya hablamos por teléfono ayer.
[ja aˈƀlamos pɔr teˈlefono aˈjɛr]

Auf Wiederhören ... **Adiós ...** [aˈđĭɔs]

Ich hätte gerne ein R-Gespräch angemeldet.
Quisiera hacer una llamada a cobro revertido.
[kiˈsĭera aθˈer ˈuna ʎaˈmada a ˈcoƀro rreƀɛrˈtiđo]

Wo kann ich hier eine E-Mail versenden?
¿Dónde puedo mandar un e-mail por aquí?
[ˈdɔnde ˈpŭeđo manˈdar un iˈmeĭl pɔr aˈki]

Wo kann ich ein Fax empfangen?
¿Dónde puedo recibir un fax por aquí?
[ˈdɔnde ˈpŭeđo rreθiˈƀir un fags pɔr aˈki]

Vokabeln

Anruf	**llamada, la** [ʎaˈmađa]
Anrufbeantworter	**contestador, el** [kɔntestaˈđɔr]
anrufen	**llamar** [ʎaˈmar]
Auskunft	**información, la** [infɔrmaˈθĭ ɔn]
Auslandsgespräch	**llamada al extranjero, la** [ʎaˈmađa al estraŋˈxero]
besetzt	**ocupado** [okuˈpađo]
buchstabieren	**deletrear** [deletreˈar]
Gebühren	**gastos, los** [ˈgastɔs]
Handy	**teléfono móbil, el** [teˈlefono ˈmoƀil]
Kartentelefon	**teléfono de prepago, el** [teˈlefono de preˈpago]
Leitung	**línea, la** [ˈlinea]
Münztelefon	**teléfono de monedas, el** [teˈlefono moˈneđas]
Ortsgespräch	**llamada local, la** [ʎaˈmađa loˈkal]
R-Gespräch	**llamada a cobro revertido, la** [ʎaˈmađa a ˈcoƀro rreƀɛrˈtiđo]
Telefonbuch	**guía telefónica, la** [ˈgia teleˈfonika]
Telefonkarte	**tarjeta telefónica, la** [tarˈxeta teleˈfonika]
Telefonnummer	**número de teléfono, el** [ˈnumero de teˈlefono]
Telefonzelle	**cabina telefónica, la** [kaˈƀina teleˈfonika]
verbinden	**conectar** [konɛkˈtar]
Verbindung	**conexión, la** [konɛgˈsĭ ɔn]
Vorwahl	**prefijo, el** [preˈfixo]
zurückrufen	**devolver la llamada** [deƀɔlˈƀɛr la ʎaˈmađa]

Kleine Flirtschule

Anbändeln

Kannst du mir bitte Feuer geben?
¿Me podrías dar fuego, por favor?
[me poˈđrias đar ˈfŭego pɔr faˈƀɔ̆r]

Willst du dich nicht zu uns/mir setzen?
¿No te quieres sentar con nosotros/conmigo?
[no te ˈkĭeres senˈtar kɔn noˈsotros/kɔmˈmigo]

Darf ich mich zu dir setzen?
¿Me puedo sentar contigo? [me ˈpŭeđo senˈtar kɔnˈtigo]

Wie heißt du? **¿Cómo te llamas?** [ˈkomo te ˈʎamas]

Willst du tanzen? **¿Quieres bailar?** [ˈkĭeres ƀaĭˈlar]

Wollen wir etwas zusammen trinken?
¿Vamos a tomar algo? [ˈbamɔs a toˈmar ˈalǧo]

Was trinkst du da? **¿Qué bebes?** [ke ˈƀeƀes]

Bist du alleine hier?
¿Estás aquí sólo/a? [esˈtas aˈki ˈsolo/a]

Hast du einen Freund/eine Freundin?
¿Tienes novio/novia? [ˈtĭenes ˈnoƀĭo/ˈnoƀĭa]

Bist du verheiratet? **¿Estás casado?** [esˈtas kaˈsado]

Du hast ein nettes Lächeln.
Tienes una bonita sonrisa. [ˈtĭenes ˈuna boˈnita sɔnˈrrisa]

Du hast schöne Augen/Beine.
Tienes unos ojos muy bonitos/unas piernas muy bonitas.
[ˈtĭenes ˈunɔs ˈɔxɔs mŭi boˈnitɔs/ˈunas ˈpĭɛrnas mŭi boˈnitas]

Das hast du sehr nett gesagt.
Es muy bonito lo que dices. [es mŭi ƀoˈnito lo ke ˈdiθes]

Wollen wir spazieren gehen?
¿Vamos a dar un paseo? [ˈbamɔs a đar un paˈseo]

Soll/Kann ich dich nach Hause bringen?
¿Te llevo a casa? [te ˈʎeƀo a ˈkasa]

Gehen wir zu dir oder zu mir?
¿Nos vamos a tu casa o a la mía?
[nɔs ˈƀamɔs a tu ˈkasa o a la mia]

Wollen wir uns morgen treffen?
¿Nos encontramos mañana?
[nɔs eŋkɔnˈtramɔs maˈɲana]

Ich finde dich sehr nett.
Me resultas muy simpático. [me rreˈsultas mŭi simˈpatiko]

Ich mag dich. **Me gustas.** [me ˈgustas]

Ich liebe dich. **Te quiero.** [te ˈkĭero]

Ich habe mich in dich verliebt.
Me he enamorado de ti. [me e enamoˈrađo đe ti]

Abfuhr

Du nervst. **Me das la lata.** [me đas la ˈlata]

Mir geht es heute nicht so gut.
Hoy no me encuentro bien. [ɔĭ no me eŋˈkŭentro ƀĭen]

Ich will heute nicht ausgehen.
No quiero salir hoy. [no ˈkĭero saˈlir ɔĭ]

Das interessiert mich nicht.
No me interesa. [no me inteˈresa]

Ich finde dich langweilig.
Eres aburrido. [ˈeres abuˈrriđo]

Lass mich bitte in Ruhe.
Déjame en paz, por favor. [ˈdexame em paθ pɔr faˈƀɔr]

Das geht mir zu schnell, lass mir Zeit.
Me resulta demasiado rápido, dame tiempo.
[me rreˈsulta demaˈsĭađo ˈrrapiđo ˈdame ˈtĭempo]

Vokabeln

abholen	**venir a buscar** [beˈnir a ƀusˈkar]
einladen	**invitar** [imbiˈtar]
Einladung	**invitación, la** [imbitaˈθĭɔn]
Haare	**pelo, los** [ˈpelo]
Händchen halten	**hacer manitas** [aˈθɛr maˈnitas]
hübsch	**guapo** [ˈgŭapo]
Kompliment	**cumplido, el** [kumˈpliđo]
küssen	**besar** [beˈsar]
Lächeln	**sonrisa, la** [sɔnˈrrisa]
Liebe	**amor, el** [aˈmor]
lieben	**amar** [aˈmar]
schön	**bonito/precioso** [boˈnito/preˈθĭoso]
Sonnenaufgang	**amanecer, el** [amaneˈθɛr]
Sonnenuntergang	**puesta del sol, la** [ˈpŭesta dɛl sɔl]
Strand	**playa, la** [ˈplaja]
verlieben	**enamorarse** [enamoˈrarse]
verliebt	**enamorado** [enamoˈrađo]
verlobt	**prometido** [promeˈtiđo]
verheiratet	**casado** [kaˈsađo]
wiedersehen	**volver a ver** [bɔlˈƀɛr a ƀɛr]
zärtlich	**cariñoso** [kariˈɲoso]

An der Grenze

Wann sind wir an der Grenze?
¿Cuánto falta para llegar a la frontera?
[ˈkŭanto ˈfalta ˈpara ʎeˈgar a la frɔnˈtera]

Wie lange muss ich noch warten?
¿Cuánto tengo que esperar aún?
[ˈkŭanto ˈteŋgo ke espeˈrar aˈun]

Fahren Sie bitte rechts/links heran.
Pare a la izquierda/derecha, por favor.
[ˈpare a la iθˈkĭɛrda/deˈretʃa pɔr faˈƀɔr]

Fahren Sie bitte weiter. **Siga, por favor.** [ˈsiga pɔr faˈƀɔr]

Kann ich bitte Ihren Ausweis sehen?
¿Me puede mostrar su carnet de identidad, por favor?
[me ˈpŭeđe mɔsˈtrar su karˈne đe iđentiˈđađ pɔr faˈƀɔr]

Haben Sie ein Visum? **¿Tiene visado?** [ˈtĭene ƀiˈsađo]

Ihr Ausweis ist abgelaufen!
Su carnet de identidad ha caducado.
[su karˈne đe iđentiˈđađ a kađuˈkađo]

Was haben Sie in Ihren Koffern/in Ihrem Kofferraum?
¿Qué lleva en sus maletas/en su maletero?
[ke ˈʎeba en sus maˈletas/en su maleˈtero]

Bitte öffnen Sie den Kofferraum.
Abra el maletero, por favor. [ˈaƀra ɛl maleˈtero pɔr faˈƀɔr]
... den Koffer. **... la maleta.** [la maˈleta]
... die Tasche. **... el bolso.** [ɛl ˈbɔlso]

Haben Sie etwas zu verzollen?
¿Tiene algo que declarar? [ˈtĭene ˈalgo ke deklaˈrar]

Ich habe nichts zu verzollen.
No tengo nada que declarar.
[no ˈteŋgo ˈnađa ke deklaˈrar]

Muss ich das verzollen?
¿Tengo que declararlo? [ˈteŋgo ke deklaˈrarlo]

Das müssen Sie verzollen!
Tiene que declararlo. [ˈtĭenes ke deklaˈrarlo]

Wie viel Zoll muss ich bezahlen?
¿Cuántos derechos de aduana tengo que pagar?
[ˈkŭantɔs deˈretʃos đe aˈđŭˈana ˈteŋgo ke paˈgar]

Sind das Ihre Kinder?
¿Son sus hijos? [sɔn sus ˈixɔs]

Was ist das Ziel/der Grund Ihrer Reise?
¿Qué destino/razón tiene su viaje?
[ke đesˈtino/raˈθɔn ˈtĭene su ˈbĭaxe]

Wir sind Touristen. **Somos turistas.** [ˈsomɔs tuˈristas]

Ich gehöre zur Reisegruppe aus ...
Pertenezco al grupo de viaje de ...
[pɛrteˈneθko al ˈgrupo đe ˈbĭaxe đe]

Ich fahre/Wir fahren nach ...
Voy/Vamos a ... [bɔĭ/ˈbamɔs a]

Ich bin auf Geschäftsreise.
Estoy de viaje de negocios.
[esˈtɔĭ đe ˈbĭaxe đe neˈgoθĭɔs]

Hier ist der Impfpass für den Hund/die Katze.
Aquí tiene el certificado de vacunación del perro/ el gato.
[aˈki ˈtĭene ɛl θertifiˈkađo đe ƀakunaˈθĭɔn đel ˈpɛrro/ ɛl ˈgato]

Vokabeln

ausreisen	**salir** [saˈlir]
Ausweis	**carnet de identidad, el** [carˈne đe iđentiˈđađ]
einreisen	**entrar** [enˈtrar]
Fahrzeugpapiere	**papeles del coche, los** [paˈpeles đɛl ˈkotʃe]
Familienname	**apellido, el** [apeˈʎiđo]
Führerschein	**carnet de conducir, el** [carˈne đe kɔnduˈθir]
Geburtsdatum	**fecha de nacimiento, la** [ˈfetʃa đe naθiˈmĭento]
Gesundheitszeugnis	**certificado de salud, el** [θɛrtifiˈkađo đe saˈlŭd]
Grenze	**frontera, la** [frɔnˈtera]
gültig	**válido** [ˈbaliđo]
Haustier	**animal doméstico, el** [aniˈmal doˈmestiko]
Impfpass	**certificado de vacunación, el** [θɛrtifiˈkađo đe bakunaˈθĭɔn]
Nummernschild	**matrícula, la** [maˈtrikula]
Pass	**pasaporte, el** [pasaˈpɔrte]
Passkontrolle	**control de pasaportes, el** [kɔnˈtrɔl de pasaˈpɔrtes]
Personalien	**filiación, la** [filĭaˈθĭɔn]
Staatsangehörigkeit	**nacionalidad, la** [naθĭonaliˈđađ]
ungültig	**no válido** [no ˈbaliđo]
unterschreiben	**firmar** [firˈmar]
verlängern	**prorrogar** [prɔrrɔˈgar]
Visum	**visado, el** [biˈsađo]
Zoll	**aduana, la** [aˈđŭana]

Verkehrsmittel

Im Auto

Wie komme ich nach ...? **¿Cómo voy a ...?** [ˈkomo ƀɔĭ a]

Ist es noch weit bis ...?
¿Cuánto falta para llegar a ...? [ˈkŭanto falta ˈpara ʎeˈgar a]

Führt diese Straße nach ...?
¿Esta carretera nos lleva a ...?
[ˈesta karreˈtera nɔs ˈʎeƀa a]

Wie komme ich zur Autobahn nach ...?
¿Cómo voy a la autopista a ...?
[ˈkomo ƀɔĭ a la aŭtoˈpista a]

Gibt es noch eine bessere Straße nach ...?
¿Hay una carretera mejor a ...?
[aĭ ˈuna karreˈtera mɛˈxɔr a]

Wie viele Kilometer sind es noch bis ...?
¿Cuántos kilómetros faltan para llegar a ...?
[ˈkŭantɔs kiˈlometrɔs ˈfaltan ˈpara ʎeˈgar a]

Das ist die falsche Straße.
Es la carretera equivocada. [es la karrɛˈtera ekiƀoˈkađa]

Sie müssen in die andere Richtung fahren.
Tiene que ir en la otra dirección.
[ˈtĭene ke ir en la ˈotra dirɛgˈθĭɔn]

Können Sie mir bitte auf dieser Karte zeigen, wo wir sind?
¿Puede por favor mostrarme en este mapa dónde estamos?
[pŭeđe pɔr faˈƀɔr mosˈtrarme en ˈeste ˈmapa ˈđɔnde esˈtamɔs]

Brauche ich Winterreifen/Schneeketten?
¿Necesito neumáticos de invierno/cadenas antideslizantes?
[neθeˈsito neŭˈmatikɔs đe imˈƀĭɛrno/kaˈđenas antiđezliˈθantes]

Wo kann ich hier parken?
¿Dónde puedo aparcar por aquí?
[ˈdɔnde ˈpŭeđo aparˈkar pɔr aˈki]

Wo gibt es hier einen bewachten Parkplatz?
¿Dónde hay un parking vigilado por aquí?
[ˈdɔnde aĭ um ˈparkiŋ bixiˈlađo pɔr aˈki]

Panne

Ich habe eine Panne.
Mi coche se ha averiado. [mi ˈkotʃe se a aƀeˈrĭ ađo]

Wo ist die nächste Werkstatt?
¿Dónde está el taller más cercano?
[ˈdɔnde esˈta ɛl taˈʎɛr mas θɛrˈkano]

Mein Auto springt nicht an.
Mi coche no arranca. [mi ˈkotʃe no aˈrranka]

Können Sie mein Auto am Hotel abholen?
¿Podría recoger mi coche en el hotel?
[poˈđria rrɛkɔˈxɛr mi ˈkotʃe en ɛl oˈtɛl]

Können Sie mich abschleppen?
¿Me puede remolcar? [me ˈpŭeđe rrɛmɔlˈkar]

Würden Sie mich bitte zur nächsten Tankstelle mitnehmen?
¿Me podría llevar a la gasolinera más cercana por favor?
[me poˈđria ʎeˈƀar a la gasoliˈnera mas θɛrˈkana pɔr faˈƀɔr]

Könnten Sie mir mit Benzin aushelfen?
¿Me podría ayudar con algo de gasolina?
[me poˈdria ajuˈđar kɔn ˈalgo đe gasoˈlina]

Ich habe eine Reifenpanne.
Tengo un reventón. [ˈteŋgo un rrɛƀenˈtɔn]

Könnten Sie mir beim Reifenwechsel helfen?
¿Puede ayudarme a cambiar los neumáticos?
[ˈpŭeđe ajuˈđarme a kamˈƀĭar lɔz neŭˈmatikɔs]

Die Batterie ist leer.
La batería está vacía. [la bateˈria esˈta ƀaˈθia]

Können Sie mir bitte Starthilfe geben?
¿Me puede ayudar a arrancar, por favor?
[me ˈpŭeđe ajuˈđar a arraŋˈkar pɔr faˈƀɔr]

Haben Sie ein Starthilfekabel?
¿Tiene un cable de empalme para la puesta en marcha?
[ˈtĭene uŋ ˈkaƀle đe emˈpalme ˈpara la ˈpŭesta en ˈmartʃa]

Mit dem Motor stimmt etwas nicht.
El motor no funciona bien.
[ɛl moˈtɔr no funˈθĭona bĭen]

Ich glaube, die Stoßdämpfer von meinem Auto sind defekt.
Creo que los amortiguadores de mi coche están estropeados.
[ˈkreo ke lɔs amɔrtigŭaˈdorez đe mi ˈkotʃe esˈtan estrɔpeˈađos]

Mein Auto verliert Öl.
Mi coche pierde aceite. [mi ˈkotʃe ˈpĭɛrđe aˈθɛĭte]

Die Bremsen funktionieren nicht.
Los frenos no funcionan. [lɔs ˈfrenɔs no funˈθĭonan]

Machen Sie bitte nur die nötigsten Reparaturen.
Por favor, sólo repare lo más necesario.
[pɔr faˈƀɔr ˈsolo rrɛˈpare lo maz neθeˈsarĭo]

Was würde die Reparatur kosten?
¿Cuánto costaría la reparación?
[ˈkŭantɔ kɔstaˈria la rrɛparaˈθĭɔn]

Wie lange dauert die Reparatur?
¿Cuánto tiempo necesita la reparación?
[ˈkŭantɔ ˈtĭempo neθeˈsita la rrɛparaˈθĭɔn]

Haben Sie Ersatzteile da?
¿Tiene piezas de recambio aquí?
[ˈtĭene ˈpĭeθaz đe rrɛˈkambĭo aˈki]

Wo kann ich Ersatzreifen bekommen?
¿Dónde puedo conseguir neumáticos de recambio?
[ˈdɔnde ˈpŭeđo kɔnseˈgir neŭˈmatikɔz đe rrɛˈkambĭo]

Unfall

Wir hatten einen Unfall.
Tuvimos un accidente. [tuˈƀimɔs un agθiˈđente]

Bitte helfen Sie mir!
¡Ayúdeme, por favor! [aˈjŭdeme pɔr faˈƀɔr]

Rufen Sie bitte schnell einen Krankenwagen!
Por favor, illame a una ambulancia enseguida!
[pɔr faˈƀɔr ˈʎame a ˈuna ambuˈlanθĭa enseˈgiđa]
... die Feuerwehr! **... los bomberos!** [lɔs bɔmˈberɔs]
... die Polizei! **... la policía!** [la poliˈθia]

Könnte ich bei Ihnen telefonieren?
¿Podría hacer una llamada desde aquí, por favor?
[poˈđria aˈθɛr ˈuna ʎaˈmađa ˈđesđe aˈki pɔr faˈƀɔr]

Haben Sie Verbandszeug?
¿Tiene vendajes? [ˈtĭene ƀenˈdaxes]

Sind Sie verletzt? **¿Está herido?** [esˈta eˈriđo]

Es ist niemand verletzt.
No hay ningún herido. [no aj niŋˈgun eˈriđo]

Es gibt Verletzte. **Hay heridos.** [aj eˈriđɔs]

Es ist nur ein Blechschaden.
Sólo hay daños materiales.
[ˈsolo aj ˈdaɲɔs materiˈales]

Sie sind zu schnell gefahren.
Ha conducido demasiado rápido.
[a kɔnduˈθiđo demaˈsĭađo ˈrrapiđo]

Sie sind zu nah aufgefahren.
Ha conducido demasiado cerca.
[a kɔnduˈθiđo demaˈsĭađo ˈθɛrka]

Ich hatte Vorfahrt.
Yo tenía preferencia. [jo teˈnia prefeˈrenθĭa]

Bitte schreiben Sie mir Ihren Namen und Ihre Adresse auf.
Por favor, apúnteme su nombre y su dirección.
[pɔr faˈƀɔr aˈpunteme su ˈnɔmbre i su dirɛgˈθĭɔn]

Hier haben Sie meinen Namen und meine Adresse.
Aquí tiene mi nombre y mi dirección.
[aˈki ˈtĭene mi ˈnɔmbre i mi dirɛgˈθĭɔn]

Meine Versicherung wird den Schaden bezahlen.
Mi seguro pagará el daño.
[mi seˈguro pagaˈra ɛl ˈdaɲo]

Es war meine Schuld.
Ha sido culpa mía. [a ˈsiđo ˈkulpa mia]

Autovermietung

Wo kann ich hier ein Auto mieten?
¿Dónde puedo alquilar un coche?
[ˈdɔnde ˈpŭeđo alkiˈlar uŋ ˈkotʃe]

Ich möchte ein/dieses Auto mieten.
Me gustaría alquilar un/este coche.
[me gustaˈria alkiˈlar un/ˈeste ˈkotʃe]

Wie viel kostet es pro Tag?
¿Cuánto cuesta por día?
[ˈkŭantɔ ˈkŭesta pɔr dia]

Wie hoch ist die Kaution?
¿Cuánta fianza hay que pagar?
[ˈkŭanta ˈfĭanθa aĭ ke paˈgar]

Haben Sie ein größeres/kleineres Auto?
¿Tiene un coche más grande/más pequeño?
[ˈtĭene uŋ ˈkotʃe maz ˈgrande/maz peˈkeɲo]

Wie viele Freikilometer habe ich?
¿Cuántos kilómetros libres tengo?
[ˈkŭantɔs kiˈlometrɔz ˈliƀres ˈteŋgo]

Ist das Auto vollkaskoversichert?
¿Está el coche asegurado a todo riesgo?
[esˈta ɛl ˈkotʃe aseguˈrađo a ˈtođo ˈrrĭesgo]

Wie hoch ist die Selbstbeteiligung?
¿Cuál es el importe de la cuota de propia retención?
[kŭal es ɛl imˈpɔrte đe la ˈkŭota đe ˈpropĭa rrɛtenˈθĭɔn]

Ich möchte das Auto in ... zurückgeben.
Quiero entregar el coche en ...
[ˈkĭero entreˈgar ɛl ˈkotʃe en]

Ist das möglich? **¿Es posible?** [es poˈsiƀle]

Um welche Uhrzeit muss ich das Auto zurückgeben?
¿A qué hora tengo que devolver el coche?
[a ke ˈora ˈteŋgo ke debolˈƀɛr ɛl ˈkotʃe]

Was muss ich tanken?
¿Qué tipo de gasolina tengo que poner?
[ke ˈtipo đe gasoˈlina ˈteŋgo ke poˈnɛr]

Tankstelle

Wo ist die nächste Tankstelle?
¿Dónde está la gasolinera más cercana?
[ˈdɔnde esˈta la gasoliˈnera mas θɛrˈkana]

Bitte voll tanken.
Lleno, por favor. [ˈʎeno pɔr faˈƀɔr]

Ich möchte ... Liter Benzin/Diesel.
Quiero poner ... litros de gasolina/diesel.
[ˈkĭero ponɛr … ˈlitrɔs đe gasoˈlina/ˈdĭesel]

Bitte machen Sie einen Ölwechsel bei meinem Auto.
Por favor, cámbieme el aceite del coche.
[pɔr faˈƀɔr ˈkambĭeme ɛl aˈθɛĭte del ˈkotʃe]

Bitte prüfen Sie den Ölstand.
Por favor, revise el nivel de aceite.
[pɔr faˈƀɔr rrɛˈƀise ɛl niˈƀɛl de aˈθɛĭte]
... den Reifendruck.
... la presión de los neumáticos.
[la preˈsĭɔn de lɔz neŭˈmatikɔs]
... die Batterie.
... la batería. [la bateˈria]

Ich brauche Kühlwasser.
Necesito agua para el radiador.
[neθeˈsito ˈagŭa ˈpara ɛl rrađĭaˈđɔr]

Polizeikontrolle

Kann ich bitte Ihren Führerschein und die Fahrzeugpapiere sehen?
¿Me puede enseñar su carnet de conducir y los papeles del coche, por favor?
[me ˈpŭeđe enseˈɲar su karˈne đe kɔnduˈθir i lɔz papɛles đɛl ˈkotʃe pɔr faˈƀɔr]

Wer ist der Halter/der Besitzer des Fahrzeugs?
¿Quién es el titular/propietario de este vehículo?
[ˈkĭen es ɛl tituˈlar/propĭeˈtarĭo đe ˈeste veˈikulo]

Sie waren nicht angeschnallt.
No tenía puesto el cinturón de seguridad.
[no teˈnia ˈpŭesto ɛl θintuˈrɔn de seguriˈđađ]

Haben Sie Alkohol getrunken?
¿Ha bebido alcohol? [a ƀeˈƀiđo alˈkɔl]

Sie haben die Höchstgeschwindigkeit von ... km/h überschritten.
Ha sobrepasado la velocidad máxima de ... km/h.
[a soƀrepaˈsađo la ƀeloθiˈđađ ˈmaksima đe … kiˈlɔmetros por ˈora]

Das kostet Sie ein Verwarngeld von ... Euro.
Esto le cuesta a usted una multa de ... euros.
[ˈesto le ˈkŭesta a usˈteđ una ˈmulta đe … ˈeŭros]

Bitte steigen Sie aus und öffnen Sie den Kofferraum!
Bájese del coche y abra el maletero, por favor.
[ˈbaxese đɛl ˈkotʃe i ˈaƀra ɛl maleˈtero pɔr faˈƀɔr]

Zeigen Sie mir bitte Ihren Verbandskasten!
Enseñeme su botiquín. [enˈseɲeme su ƀotiˈkin]

Vokabeln

Abschleppdienst	**servicio de remolque, el** [sɛrˈƀiθĭo đe rrɛˈmɔlke]
Abschleppseil	**cuerda de remolcar, la** [ˈkŭerđa đe rrɛmɔlˈkar]
Achse	**eje, el** [ˈɛxe]
Ampel	**semáforo, el** [seˈmaforo]
Anlasser	**motor de arranque, el** [moˈtɔr đe aˈrraŋke]
Antiblockier-system	**sistema antibloqueo, el** [sisˈtema antiƀloˈkeo]
Ausfahrt	**salida, la** [saˈliđa]
Auspuffrohr	**tubo de escape, el** [ˈtuƀo đe esˈkape]
Außenspiegel	**retrovisor exterior, el** [rrɛtroƀiˈsɔr esteˈrĭɔr]
auswechseln	**cambiar** [kamˈƀĭar]
Autobahn	**autopista, la** [aŭtoˈpista]
Batterie	**batería, la** [bateˈria]
Baustelle	**obras, las** [ˈoƀras]
Benzin	**gasolina, la** [gasoˈlina]
Benzinfilter	**filtro de gasolina, el** [ˈfiltro đe gasoˈlina]
Blinker	**intermitente, el** [intɛrmiˈtente]
Bremse	**freno, el** [ˈfreno]
Bundesstraße	**carretera nacional, la** [karrɛˈtera naθĭoˈnal]
Bußgeld	**multa, la** [ˈmulta]
Dichtung	**junta, la** [ˈxunta]
Diesel	**diesel, el** [diˈesel]
Elektronik	**electrónica, la** [elɛkˈtronika]
Ersatzreifen	**neumático de recambio, el** [neŭˈmatiko đe rrɛˈkambĭo]

Ersatzteil	**pieza de recambio, la** [ˈpĭeθa đe reˈkambĭo]
Fahrbahn	**calzada, la** [kalˈθađa]
fahren	**conducir/ir** [kɔnduθir/ir]
Feldweg	**camino vecinal, el** [kaˈmino ƀeθiˈnal]
Filter	**filtro, el** [ˈfiltro]
Frostschutzmittel	**anticongelante, el** [antikɔŋxeˈlante]
Gang	**marcha, la** [ˈmartʃa]
Gangschaltung	**cambio de marchas, el** [ˈkambĭo đe ˈmartʃas]
Garage	**garaje, el** [gaˈraxe]
Gas geben	**acelerar** [aθeleˈrar]
Gaspedal	**acelerador, el** [aθeleraˈđɔr]
gegenüber	**en frente** [emˈfrente]
geradeaus	**recto** [ˈrrɛkto]
Geschwindigkeit	**velocidad, la** [beloθiˈđađ]
Getriebe	**cambios, los** [ˈkambĭɔs]
Handbremse	**freno de mano, el** [ˈfreno đe ˈmano]
Heizung	**calefacción, la** [kalefagˈθĭɔn]
Kabel	**cable, el** [ˈkaƀle]
kaputt	**roto** [ˈrrɔto]
Karosserie	**carrocería, la** [karrɔθeˈria]
Katalysator	**catalizador, el** [kataliθaˈdɔr]
Keilriemen	**correa trapezoidal, la** [kɔˈrrɛa trapeθoiˈdal]
Kennzeichen	**matrícula, la** [maˈtrikula]
Kfz-Papiere	**documentación del coche, la** [dokumentaˈθĭɔn dɛl ˈkotʃe]
Kilometer	**kilómetro, el** [kiˈlometro]
Klimaanlage	**aire acondicionado, el** [ˈaĭre akɔndiθĭoˈnađo]
Kreuzung	**cruce, el** [ˈkruθe]

Kühler	**radiador, el** [rradĭaˈđɔr]
Kühlwasser	**agua del radiador, el** [ˈagŭa đɛl rrađĭaˈđɔr]
Kupplung	**embrague, el** [emˈbrage]
Kurve	**curva, la** [ˈkurba]
Kurzschluss	**cortocircuito, el** [ˈkɔrtoθirˈkŭito]
Landstraße	**carretera comarcal, la** [karrɛˈtera komarˈkal]
Lastwagen	**camión, el** [kaˈmĭɔn]
Leerlauf	**marcha en vacío, la** [ˈmartʃa em baˈθio]
Lenkung	**dirección, la** [dirɛgˈθĭɔn]
Lichtmaschine	**dínamo, el** [ˈdinamo]
links	**izquierda** [iθˈkĭɛrđa]
Luftfilter	**filtro de aire, el** [ˈfiltro đe ˈaĭre]
Maut	**peaje, el** [peˈaxe]
Mechaniker	**mecánico, el** [meˈkaniko]
Meter	**metro, el** [ˈmetro]
Motor	**motor, el** [moˈtɔr]
neben	**al lado de** [al ˈlađo đe]
Nummernschild	**matrícula, la** [maˈtrikula]
Öl	**aceite, el** [aˈθɛĭte]
Ölwechsel	**cambio de aceite, el** [ˈkambio đe aˈθɛĭte]
Panne	**avería, la** [ađeˈria]
Parkhaus	**torre de parking, la** [ˈtɔrrɛ đe ˈparkiŋ]
Parkplatz	**parking, el** [ˈparkiŋ]
Parkscheibe	**disco de estacionamiento, el** [ˈdisko đe estaθĭonaˈmĭento]
Parkschein	**tarjeta de aparcamiento, la** [tarˈxeta đe aparkaˈmĭento]
Rad	**rueda, la** [ˈrrŭeđa]
Radarkontrolle	**control radar, el** [kɔnˈtrɔl raˈdar]

Radkreuz	**llave en cruz, la** [ˈʎaƀe eŋ kruθ]
Rastplatz	**área de descanso, el** [ˈarea đe đesˈkanso]
rechts	**derecha** [deˈretʃa]
Reifen	**neumático, el** [neŭˈmatiko]
reparieren	**reparar** [rrɛpaˈrar]
Reservekanister	**bidón de reserva, el** [biˈđɔn de rrɛˈsɛrƀa]
Rücklicht	**luz trasera, la** [luθ traˈsera]
Rückspiegel	**espejo retrovisor, el** [esˈpɛxo rrɛtroƀiˈsɔr]
Rückwärtsgang	**marcha atrás, la** [ˈmartʃa aˈtras]
Schaltung	**cambio de marcha, el** [ˈkambĭo đe ˈmartʃa]
Scheibenwischer	**limpiaparabrisas, el** [limpĭaparaˈƀrisas]
Scheinwerfer	**faro, el** [ˈfaro]
Schlauch	**cámara de aire, la** [ˈkamara đe ˈaĭre]
Schraubenzieher	**atornillador, el** [atɔrniʎaˈdɔr]
Schutzbrief	**salvoconducto, el** [salƀokɔnˈdukto]
Sicherheitsgurt	**cinturón de seguridad, el** [θintuˈrɔn de seguriˈđađ]
Sicherung	**seguro, el** [seˈguro]
Stau	**atasco, el** [aˈtasko]
Stoßstange	**parachoques, el** [paraˈtʃokes]
Straßenkarte	**mapa, el** [ˈmapa]
Super bleifrei	**súper sin plomo, la** [ˈsupɛr sin ˈplomo]
Super plus	**súper plus, la** [ˈsupɛr plus]
Super verbleit	**súper con plomo, la** [ˈsupɛr kɔm ˈplomo]

Tachometer	**cuentaevoluciones, el** [kŭentaeƀolu'θĭones]
Tank	**depósito, el** [de'posito]
Teilkasko	**seguro a riesgo parcial, el** [se'guro a rrĭ'ezgo parθĭal]
Umleitung	**desviación, la** [dezƀĭa'θĭɔn]
undicht	**permeable** [pɛrme'aƀle]
Unfall	**accidente, el** [agθi'đente]
Vergaser	**carburador, el** [karƀura'đɔr]
Versicherung	**seguro, el** [se'guro]
Vollkasko	**seguro a todo riesgo, el** [se'guro a 'tođo 'rrĭezgo]
Vorfahrt	**prioridad de paso, la** [prĭori'đađ đe 'paso]
Wagenheber	**gato, el** ['gato]
Warnblinkanlage	**luz de emergencia, la** [luθ đe emɛr'xenθĭa]
Warndreieck	**triángulo de averías, el** [tri'aŋgulo đe aƀe'rias]
Werkstatt	**taller, el** [ta'ʎɛr]
Werkzeug	**herramienta, la** [ɛrra'mĭenta]
Windschutzscheibe	**parabrisas, el** [para'ƀrisas]
Winterreifen	**neumáticos de invierno, los** [neŭ'matikɔz đe im'bĭɛrno]
Zahnriemen	**correa dentada, la** [kɔ'rrea đen'tađa]
Zündkerzen	**bujías, las** [bu'xias]
Zusammenstoß	**impacto, el** [im'pakto]
Zylinder	**cilindro, el** [θi'lindro]
Zylinderkopfdichtung	**junta de culata, la** ['xunta đe ku'lata]

Im Bus

Wo halten die Busse nach ...?
¿Dónde paran los autobuses para ...?
[ˈdɔnde ˈparan lɔs aŭtoˈbuses ˈpara]

Gibt es eine Busverbindung nach ...?
¿Hay una conexión de autobúses para ...?
[aĭ ˈuna konɛgˈsĭɔn de aŭtoˈbuses ˈpara]

Bitte suchen Sie mir die schnellste Verbindung nach ... heraus!
Por favor búsqueme la conexión más rápida a ...
[pɔr faˈƀɔr ˈbuskeme la konɛgˈsĭɔn mas ˈrrapiđa a]

Wann fährt ein Bus/der nächste Bus nach ...?
¿Cuándo hay un autobús/sale el próximo autobús a ...?
[ˈkŭando aĭ un aŭtoˈƀus/ˈsale ɛl ˈprɔgsimo aŭtoˈƀus a]

Wie lange dauert die Busfahrt nach ...?
¿Cuánto dura el viaje en autobús a ...?
[ˈkŭantɔ ˈdura ɛl ˈƀĭaxe en aŭtoˈƀus a]

Wo bekomme ich die Fahrkarten?
¿Dónde puedo comprar billetes?
[ˈdɔnde puˈedo kɔmˈprar biˈʎetes]

Was kostet die Fahrt nach ...?
¿Qué vale el viaje a ...? [ke ˈƀale ɛl ˈƀĭaxe a]

Ist das der Bus nach ...?
¿Es éste el autobús para ...? [es ˈeste ɛl aŭtoˈƀus ˈpara]

Wann kommt der Bus in ... an?
¿Cuándo llega el autobús a ...?
[ˈkŭando ˈʎega ɛl aŭtoˈƀus a]

Halten Sie in ...? **¿Para en ...?** [ˈpara en]

Muss ich umsteigen?
¿Tengo que hacer transbordo? [ˈteŋgo ke aˈθɛr transˈbɔrđo]

Wie viele Stationen sind es bis ...?
¿Cuántas estaciones son hasta ...?
[ˈkŭantas estaˈθĭones sɔn ˈasta]

Hat der Bus eine Klimaanlage/eine Toilette?
¿Tiene aire acondicionado/lavabo el autobús?
[ˈtĭene ˈaĭre akɔndiˈθĭoˈnađo/laˈƀaƀo en ɛl aŭtoˈƀus]

Vokabeln

Bus	**autobús, el** [aŭtoˈƀus]
Busfahrer	**conductor, el** [kɔndukˈtɔr]
Bushaltestelle	**parada, la** [paˈrađa]
Endstation	**final de trayecto, el** [final de traˈjɛkto]
Fahrkarte	**billete, el** [biˈʎete]
Fahrkartenautomat	**distribuidor automático de billetes, el** [distribuiˈđɔr aŭtoˈmatiko đe biˈʎetes]
Fahrplan	**horario, el** [oˈrarĭo]
Gepäck	**equipaje, el** [ekiˈpaxe]
halten	**parar** [paˈrar]
Haltestelle	**parada, la** [paˈrađa]
Kontrolleur	**revisor, el** [rreƀiˈsɔr]
Linie	**línea, la** [ˈlinea]
Richtung	**dirección, la** [dirɛgˈθĭɔn]
Stadtbus	**autobús urbano, el** [aŭtoˈƀus urˈbano]
Tageskarte	**billete para un sólo día, el** [biˈʎete ˈpara un ˈsolo ˈdia]
Überlandbus	**autocar, el** [aŭtoˈkar]

Im Zug

Von welchem Bahnhof fahren die Züge nach ...?
¿De qué estación salen los trenes para ...?
[de ke esta'θĭɔn 'salen lɔs 'trenes 'para]

Wann fährt ein Zug/der nächste Zug nach ...?
¿Cuándo hay un tren/sale el próximo tren para ...?
['kŭando aĭ un tren/sa'le ɛl 'prɔgsimo tren 'para]

Fährt der Zug direkt nach ...?
¿El tren va directamente a ...? [ɛl trem ba dirɛkta'mente a]

Wann kommt der Zug in ... an?
¿Cuándo llega el tren a ...? ['kŭando 'ʎega ɛl tren a]

Was kostet eine Fahrkarte nach ...?
¿Qué vale un billete para ...? [ke 'ƀale um bi'ʎete 'para]

Ich hätte gerne eine Fahrkarte nach ...
Querría comprar un billete para ...
[kɛrr'ia kɔm'prar um bi'ʎete 'para]

Gibt es Ermäßigungen für Kinder?
¿Hay descuento para niños? [aĭ đes'kuento para 'niɲɔs]
... Studenten?
... estudiantes? [estŭdĭantes]
... Senioren?
... personas de la tercera edad? [pɛr'sonas đe la tɛrθera eđađ]

Bitte eine Karte nach ... erster/zweiter Klasse!
Por favor, un billete de primera/segunda clase a ...
[pɔr fa'ƀɔr um bi'ʎete đe pri'mera/se'gunda 'klase]
... für ... Erwachsene/Kinder.
... para ... adultos/niños. ['para a'dultɔs/'niɲɔs]
... eine Fahrt/hin und zurück.
... sólo ida/de ida y vuelta. ['solo 'ida/de 'ida i 'ƀŭɛlta]

Wie lange ist die Fahrkarte gültig?
¿Hasta cuándo es válido el billete?
[ˈasta ˈkŭando ez ˈƀaliđo ɛl biˈʎete]

Bitte reservieren Sie mir einen Platz am Fenster!
Por favor, resérveme un asiento en la ventana.
[pɔr faˈƀɔr rrɛˈsɛrƀeme un aˈsĭento en la ƀenˈtana]
... im Liegewagen!
... en el vagón de literas. [en ɛl ƀaˈgɔn đe liˈteras]
... im Schlafwagen!
... en el coche-cama. [en ɛl kotʃeˈkama]
... für (Nicht-)Raucher!
... para (no) fumadores. [ˈpara no fumaˈdores]
... für den Zug um ...!
... para el tren a las ... [ˈpara ɛl tren a las]

Auf welchem Gleis fährt der Zug nach ... ab?
¿De qué vía sale el tren para ...?
[de ke ˈƀia ˈsale ɛl tren ˈpara]

Hat der Zug aus ... Verspätung?
¿Tiene retraso el tren de ...? [ˈtĭene rrɛˈtraso el tren de]

Wie oft/Wo muss ich umsteigen?
¿Cuántas veces/Dónde tengo que hacer transbordo?
[ˈkŭantaz ˈƀeθes/ˈdɔnde ˈteŋgo ke aˈθɛr transˈƀɔrdo]

Wie lange muss auf meinen Anschlusszug warten?
¿Cuánto debo esperar al tren de enlace?
[ˈkŭanto ˈđeƀo espeˈrar al tren de enˈlaθe]

Wie viele Haltestellen sind es bis ...?
¿Cuántas paradas son hasta ...?
[ˈkŭantas paˈrađas sɔn ˈasta]

Ich möchte mein Fahrrad mitnehmen.
Me gustaría llevar mi bicicleta.
[me gustaˈria ʎeˈƀar mi biθiˈkleta]

Wo finde ich Schließfächer?
¿Dónde encuentro la casilla de consigna?
[ˈdɔnde eŋˈkŭentro la kaˈsiʎa đe kɔnˈsigna]
... die Gepäckaufbewahrung?
... la consigna para equipaje?
[la kɔnˈsigna ˈpara ekiˈpaxe]
... das Fundbüro?
... la oficina de objetos perdidos?
[la ofiˈθina đe ɔƀˈxetɔs pɛrˈđiđɔs]

Der Zug nach ... fährt auf Gleis 1 ein.
El tren a ... tiene entrada en la vía 1.
[ɛl tren a … tĭene enˈtrađa en la ˈƀia ˈuno]

Der Zug aus ... hat voraussichtlich 10 Minuten Verspätung.
El tren de ... lleva 10 minutos de retraso.
[el tren de … ˈʎeƀa đĭeθ miˈnutɔz đe rrɛˈtraso]

Bitte einsteigen!
Por favor suban al tren. [pɔr faˈƀɔr ˈsŭban al tren]

Im Abteil

Ist das der Zug nach ...?
¿Es éste el tren para ...? [es ˈeste ɛl tren ˈpara]

Hält dieser Zug in ...?
¿Este tren para en ...? [ˈeste tren ˈpara en]

Hat dieser Zug einen Speisewagen?
¿Este tren tiene vagón-restaurante?
[ˈeste tren ˈtĭene ƀaˈgɔn rrestauˈrante]

Können Sie mir helfen?
¿Me podría ayudar? [me poˈđria ajuˈđar]

Ist dieser Platz noch frei?
¿Está libre este asiento? [es'ta 'liƀre 'este 'asĭento]

Entschuldigen Sie bitte, aber das ist mein Platz.
Perdón, éste es mi asiento.
[pɛr'đɔn 'este ez mi a'sĭento]

Darf ich meine Tasche hierhin stellen?
¿Puedo poner mi bolsa por aquí?
['pŭeđo po'nɛr mi 'bɔlsa pɔr a'ki]

Darf ich das Fenster öffnen/schließen?
¿Puedo abrir/cerrar la ventana?
['pŭeđo a'ƀrir/θerrar la ƀen'tana]

Die Fahrkarten, bitte!
¡El billete, por favor! [ɛl bi'ʎete pɔr fa'ƀɔr]

Ist noch jemand zugestiegen?
¿Ha subido alguién más? [a su'ƀiđo 'algĭen mas]

Wie viele Stationen sind es noch bis ...?
¿Cuántas estaciones faltan hasta ...?
['kŭantas esta'θĭones 'faltan 'asta]

Wo sind wir jetzt?
¿Dónde estamos ahora? ['dɔnde es'tamɔs a'ɔra]

Können Sie mir sagen, wann ich aussteigen muss?
¿Me puede decir dónde me tengo que bajar?
[me 'pŭeđe de'θir 'dɔnde me 'teŋgo ke ba'xar]

Werden wir pünktlich in ... ankommen?
¿Llegaremos a la hora prevista a ...?
[ʎega'remɔs a la 'ora pre'ƀista a]

Erreiche ich den Anschlusszug nach ... noch?
¿Lograré alcanzar el tren de conexión para ...?
[logra're alkan'θar ɛl tren de konɛg'sĭɔn 'para]

Vokabeln

Abfahrt	**salida, la** [saˈliđa]
Abteil	**compartimento, el** [kɔmpartiˈmento]
Ankunft	**llegada, la** [ʎeˈgada]
Anschluss	**conexión, la** [konɛgˈsĭ ɔn]
aussteigen	**bajar** [baˈxar]
Bahnhof	**estación, la** [estaˈθĭ ɔn]
Bahnsteig	**andén, el** [anˈden]
besetzt	**ocupado** [ɔkuˈpađo]
einsteigen	**subir** [suˈƀir]
Ermäßigung	**descuento, el** [đesˈkuento]
Fahrkarte	**billete, el** [biˈʎete]
Fahrkarten-schalter	**taquilla de billetes, la** [taˈkiʎa đe biˈʎetes]
Fahrplan	**horario, el** [oˈrarĭ o]
Fahrpreis	**precio, el** [ˈpreθĭ o]
Fensterplatz	**ventanilla, la** [bentaˈniʎa]
frei	**vacío** [baˈθio]
Gepäck-aufbewahrung	**consigna de equipajes, la** [kɔnˈsigna đe ekiˈpaxes]
Gepäckwagen	**carrito de equipajes, el** [kaˈrrito đe ekiˈpaxes]
Gleis	**vía, la** [ˈƀia]
Großraumwagen	**vagón de gran capacidad, el** [ƀaˈgɔn đe gran kapaθiˈđađ]
Gruppen-ermäßigung	**descuento de grupo, el** [desˈkŭento đe ˈgrupo]
Hauptbahnhof	**estación principal, la** [estaˈθion prinθiˈpal]
Hochgeschwin-digkeitszug	**tren de alta velocidad, el** [tren de ˈalta ƀeloθiˈđađ]

Klasse	**clase, la** ['klase]
Liegewagen	**vagón de literas, el** [ƀa'gɔn đe li'teras]
nachlösen	**comprar billetes al revisor** [kɔm'prar bi'ʎetes al rrɛƀisɔr]
Nahverkehrszug	**tren de cercanías, el** [tren de θɛrka'nias]
Nichtraucherabteil	**compartimento de no fumadores, el** [kɔmparti'mento đe no fuma'đores]
Notbremse	**freno de emergencia, el** ['freno đe emɛr'xenθia]
Platz	**asiento, el** [a'sĭento]
Raucherabteil	**compartimento para fumadores, el** [kɔmparti'mento 'para fuma'đores]
reserviert	**reservado** [rrɛsɛr'ƀađo]
Reservierung	**reserva, la** [rrɛsɛrƀa]
Rückfahrkarte	**billete de vuelta, el** [bi'ʎete đe 'ƀŭɛlta]
Schaffner	**revisor, el** [rrɛ̆bi'sɔr]
Schlafwagen	**coche-cama, el** [kotʃe'kama]
Schließfächer	**consignas, las** [kɔn'signas]
Speisewagen	**vagón restaurante, el** [ƀa'gɔn rrestau'rante]
Straßenbahn	**tranvía, el** [tram'bia]
Toilette	**lavabo, el** [la'ƀaƀo]
U-Bahn	**metro, el** ['metro]
umsteigen	**hacer transbordo** [a'θɛr trans'ƀɔrđo]
Wagennummer	**número de vagón, el** ['numero dɛ ƀa'gɔn]
Wartesaal	**sala de espera, la** ['sala đe es'pera]
Zug	**tren, el** [tren]
Zuschlag	**suplemento, el** [suple'mento]

Im Flugzeug

Wo ist der Flughafen?
¿Dónde está el aeropuerto?
[ˈdɔnde esˈta ɛl aeroˈpŭɛrto]

Gibt es einen Bus zum Flughafen?
¿Hay un autobús al aeropuerto?
[aĭ un aŭtoˈƀus al aeroˈpŭɛrto]

Wo fährt der Flughafenbus ab?
¿De dónde sale el autobús al aeropuerto?
[de ˈđɔnde ˈsale ɛl aŭtoˈƀus al aeroˈpŭɛrto]

Wo ist der Schalter der Fluggesellschaft ...?
¿Dónde está el mostrador de la línea aérea ...?
[ˈdɔnde esˈta ɛl mɔstraˈđɔr đe la ˈlinea aˈerea]

Am Schalter

Ich möchte einen Flug nach ... buchen.
Quisiera reservar un vuelo a ...
[kiˈsĭera rrɛsɛrˈƀar um ˈbŭelo a]

Wann geht der nächste Flug nach ...?
¿Cuándo sale el próximo avión para ...?
[ˈkŭando ˈsale ɛl ˈprɔɡsimo aˈƀĭɔn ˈpara]

Gibt es einen Direktflug?
¿Hay un vuelo directo? [aĭ um ˈbŭelo diˈrɛkto]

Machen wir einen Zwischenstopp?
¿Habrá escala? [aˈƀra esˈkala]

Wie viel kostet ein Flug nach ...?
¿Cuánto vale un vuelo a ...?
[ˈkŭanto ˈƀale um ˈbŭelo a]

Gibt es Ermäßigungen?
¿Hay descuento? [aĭ đesˈkuento]
... Sondertarife?
... tarifas especiales? [taˈrifas espeˈθĭales]
... Stand-by-Plätze?
... asientos stand-by? [aˈsĭentɔs esˈtanbaĭ]

Sind noch Plätze frei?
¿Quedan asientos libres? [ˈkeđan aˈsĭentɔz ˈliƀres]

Dieser Flug ist leider ausgebucht.
Este vuelo está completo lamentablemente.
[ˈeste ˈƀŭelo esˈta kɔmˈpleto lamentaƀleˈmente]

Es tut mir Leid, aber Ihr Flug wurde annulliert.
Lo siento, pero se ha anulado su vuelo.
[lo ˈsĭento ˈpero se a anuˈlađo ɛl ˈƀŭelo]

Würde es Ihnen etwas ausmachen, einen späteren Flug zu nehmen?
¿Le importaría tomar un vuelo más tarde?
[le impɔrtaˈria toˈmar um ˈƀŭelo mas ˈtarđe]

Wie hoch ist die Flughafengebühr?
¿Qué valen las tasas aeroportuarias?
[ke ˈƀalen las ˈtasas aeropɔrˈtŭarĭas]

Kann ich das als Handgepäck mitnehmen?
¿Puedo llevar esto como equipaje de mano?
[ˈpŭeđo ʎeˈƀar ˈesto ˈkomo ekiˈpaxe đe ˈmano]

Wie viel Gepäck ist gebührenfrei?
¿Cuánto equipaje es libre?
[ˈkŭanto ekiˈpaxe es ˈliƀre]

Was kostet ein Kilo Übergepäck?
¿Qué vale un kilo de exceso de equipaje?
[ke ˈƀale um ˈkilo đe esˈθeso đe ekiˈpaxe]

Wann/Wo muss ich einchecken?
¿Cuándo/Dónde tengo que facturar?
[ˈkŭando/ˈdɔnde ˈteŋgo ke faktuˈrar]

Kann ich bitte Ihr Visum/Ihren Personalausweis sehen?
¿Me puede enseñar su visado/carnet de identidad?
[me ˈpŭeđe enseˈɲar su ƀiˈsađo/karˈne đe iđentiˈđađ]

Ich hätte gerne einen Platz am Fenster.
Quisiera un puesto en la ventanilla.
[kiˈsĭera um ˈpŭesto en la ƀenˈtaniʎa]
... in der Mitte. ... en el medio. [en ɛl ˈmedĭo]
... am Gang. ... en el pasillo. [en ɛl paˈsiʎo]

Ich möchte meinen Flug stornieren.
Quisiera cancelar mi vuelo. [kiˈsĭera kanθeˈlar mi ˈbŭelo]
... umbuchen.
... cambiar la reserva de ... [kamˈbĭar la rrɛˈsɛrƀa đe]
... rückbestätigen.
... confirmar el vuelo de ... [kɔnfirˈmar ɛl ˈbŭelo de]

Wie komme ich zum Terminal ...?
¿Cómo llego a la terminal ...? [ˈkomo ˈʎego a la tɛrmiˈnal]

Legen Sie alle metallischen Gegenstände in diese Schale.
Ponga todas las cosas metálicas en esta bandeja.
[ˈpoŋga ˈtođaz las ˈkosas meˈtalikas en ˈesta ƀanˈdɛxa]

Das können Sie nicht mit in das Flugzeug nehmen.
Eso no lo puede llevar en el avión.
[ˈeso no lo ˈpŭeđe ʎeˈƀar en ɛl aˈƀĭɔn]

Ziehen Sie bitte Ihre Schuhe aus!
Quítese los zapatos, por favor.
[ˈkitese lɔs θaˈpatos pɔr faˈƀɔr]

Haben Sie ein Feuerzeug bei sich?
¿Lleva un mechero? [ˈʎeƀa un meˈtʃero]

An Bord

Würden Sie bitte mit mir den Platz tauschen?
¿Podría cambiar su asiento conmigo, por favor?
[pɔˈdria kamˈƀĭar su aˈsĭento kɔnˈmigo pɔr faˈƀɔr]

Bitte das Rauchen einstellen!
Dejen de fumar, por favor. [ˈdɛxen de fuˈmar pɔr faˈƀɔr]

Bitte legen Sie Ihre Sicherheitsgurte an!
Abróchense los cinturones de seguridad.
[aˈƀrotʃense lɔs θintuˈronez đe seguriˈđađ]

Bitte stellen Sie die Rückenlehne senkrecht und klappen Sie den Tisch vor sich hoch!
Por favor, ponga el asiento en posición vertical y levante la mesita.
[pɔr faˈƀɔr ˈpoŋga ɛl aˈsĭento em posiˈθĭɔm bɛrtiˈkal i leˈƀante la meˈsita]

Wir sind in wenigen Minuten startklar.
Vamos a despegar en pocos minutos.
[ˈbamɔs a despeˈgar em ˈpokɔz miˈnutɔs]

Bitte schalten Sie sämtliche elektronischen Geräte aus!
Por favor, desconecten todos los aparatos electrónicos.
[pɔr faˈƀɔr deskoˈnɛkten ˈtođɔz lɔs apaˈratɔs elɛkˈtronikɔs]

Sie dürfen im Flugzeug mit Ihrem Handy nicht telefonieren.
No puede hacer llamadas con su teléfono móvil en el avión.
[no ˈpŭeđe aˈθɛr ʎaˈmađas kɔn su teˈlefono ˈmoƀil en ɛl aˈƀĭɔn]

Ich hätte gerne etwas zu trinken.
Quisiera tomar algo de beber.
[kiˈsĭera toˈmar ˈalgo đe beˈber]

Bitte geben Sie mir ein Mineralwasser!
Por favor, deme un agua mineral.
[pɔr faˈƀɔr ˈdeme un ˈagŭa mineˈral]
... einen Apfelsaft!
... un zumo de manzana. [un ˈθumo đe manˈθana]
... einen Orangensaft!
... un zumo de naranja. [un ˈθumo đe naˈranxa]
... einen Tomatensaft!
... un zumo de tomate. [un ˈθumo de toˈmate]
... einen Kaffee. **... un café.** [un kaˈfe]

Können Sie mir etwas gegen Kopfschmerzen geben?
¿Me podría dar algo para el dolor de cabeza?
[me poˈđria dar ˈalgo ˈpara ɛl doˈlɔr đe kaˈƀeθa]

Haben Sie Nasentropfen für mich?
¿Tiene gotas nasales? [ˈtĭene ˈgotaz naˈsales]

Mir geht es nicht gut.
Me encuentro mal. [me eŋˈkŭentro mal]

Könnte ich bitte noch eine Spucktüte haben?
¿Podría darme otra bolsa para el mareo?
[poˈđria ˈdarme ˈɔtra ˈƀɔlsa ˈpara ɛl maˈreo]

Haben Sie ein Kissen für mich?
¿Me podría dar una almohada?
[me poˈđria dar ˈuna almoˈađa]

Was ist das für ein Gebirge?
¿Qué montañas son éstas? [ke monˈtaɲas son ˈestas]
... Fluss? **... río ...?** [rrio]
... See? **... lago ...?** [ˈlago]

Werden wir pünktlich landen?
¿Aterrizaremos a la hora precisa?
[atɛrriˈθaremɔs a la ˈora preˈθisa]

Meine Koffer waren nicht in der Maschine aus ...
Mis maletas no estaban en el avión de ...
[mis maˈletaz no esˈtaban en ɛl aˈƀĭ ɔn de]

Mein Koffer/Meine Tasche ist beschädigt worden.
Mi maleta/bolso está deteriorado/a.
[mi maˈleta/ˈbɔlso esˈta deteriɔˈrađo/a]

Würden Sie bitte meinen Mann/meine Frau/meine Kinder ausrufen lassen.
Por favor, avisen por megafonía a mi marido/mi esposa/mis hijos.
[pɔr faˈƀɔr aˈƀisen pɔr megafoˈnia a mi maˈriđo/mi esˈposa/mis ˈixɔs]

Wo kann ich meinen Hund/meine Katze abholen?
¿Dónde puedo recoger a mi perro/gato?
[ˈdɔnde ˈpŭeđo rrɛkɔˈxɛr a mi ˈpɛrro/ˈgato]

Vokabeln

Abflug	**salida, la** [saˈliđa]
an Bord	**a bordo** [a ˈƀɔrđo]
Ankunft	**llegada, la** [ʎeˈgađa]
Anschlussflug	**vuelo de conexión, el** [ˈbŭelo đe konɛgˈsĭ ɔn]
anschnallen	**abrocharse el cinturón** [aƀroˈtʃarse ɛl θintuˈrɔn]
Ausgang	**salida, la** [saˈliđa]
ausgebucht	**completo** [kɔmˈpleto]
Besatzung	**tripulación, la** [tripulaˈθĭ ɔn]
Bodenpersonal	**personal de tierra, el** [pɛrsoˈnal de ˈtĭ ɛrra]

Bordkarte	**tarjeta de embarque, la** [tarˈxeta đe emˈbarke]
Buchung	**reserva, la** [rrɛˈsɛrƀa]
Charterflug	**vuelo chárter, el** [ˈbŭelo ˈtʃartɛr]
Direktflug	**vuelo directo, el** [ˈbŭelo diˈrɛkto]
einchecken	**facturar** [faktuˈrar]
Einfuhr-genehmigung	**permiso de importación, el** [pɛrˈmiso đe impɔrtaˈθĭɔn]
Fenster	**ventanilla, la** [benˈtaniʎa]
fliegen	**volar** [boˈlar]
Flugbegleiter	**auxiliar de vuelo, el** [auksiliˈar đe ˈbŭelo]
Fluggesellschaft	**línea aérea, la** [ˈlinea aˈerea]
Flughafen	**aeropuerto, el** [aeroˈpŭɛrto]
Flugzeug	**avión, el** [aˈƀĭɔn]
Gang	**pasillo, el** [paˈsiʎo]
Gepäck-abfertigung	**facturación de equipaje, la** [fakturaˈθĭɔn de ekiˈpaxe]
Gepäckauf-bewahrung	**consigna de equipaje, la** [kɔnˈsigna đe ekiˈpaxe]
Gepäckausgabe	**recogida de equipaje, la** [rrɛkɔˈxiđa đe ekiˈpaxe]
Gepäckband	**cinta de equipaje, la** [ˈθinta đe ekiˈpaxe]
Handgepäck	**equipaje de mano, el** [ekiˈpaxe đe ˈmano]
Inlandsflug	**vuelo nacional, el** [ˈbŭelo naθĭoˈnal]
Klimaanlage	**aire acondicionado, el** [ˈaire akɔndiθĭoˈnađo]
Landebahn	**pista de aterrizaje, la** [ˈpista đe atɛrriˈθaxe]
Landung	**aterrizaje, el** [atɛrriˈθaxe]
Linienflug	**vuelo de línea, el** [ˈbŭelo đe ˈlinea]

Nichtraucher	**no fumador, el** [no fumaˈđɔr]
Notausgang	**salida de emergencia, la** [saˈliđa đe emɛrˈxenθĭa]
Notlandung	**aterrizaje de emergencia, el** [atɛrriˈθaxe đe emɛrˈxenθĭa]
Notrutsche	**tobogán de emergencia, el** [toƀoˈgan de emɛrˈxenθĭa]
Ortszeit	**hora local, la** [ˈora loˈkal]
Passagier	**pasajero, el** [pasaˈxero]
Pilot	**piloto, el** [piˈloto]
pünktlich	**a la hora precisa** [a la ˈora preˈθisa]
Quarantäne	**cuarentena, la** [kŭarenˈtena]
Raucher	**fumador, el** [fumaˈđɔr]
Reisekrankheit	**mareo, el** [maˈreo]
Rollfeld	**campo de aterrizaje, el** [ˈkampo đe atɛrriˈθaxe]
Schalter	**taquilla, la** [taˈkiʎa]
Schwimmweste	**chaleco salvavidas, el** [tʃaˈleko salƀaˈƀiđas]
Sicherheits-kontrolle	**control de seguridad, el** [kɔnˈtrɔl de seguriˈđađ]
Spucktüte	**bolsa para el mareo, la** [ˈbɔlsa ˈpara ɛl maˈreo]
Start	**despegue, el** [desˈpege]
Steward(ess)	**azafata, la** [aθaˈfata]
stornieren	**cancelar** [kanθeˈlar]
Terminal	**terminal, la** [tɛrmiˈnal]
umbuchen	**cambiar la reserva** [kamˈbĭar la rrɛˈsɛrƀa]
Verspätung	**retraso, el** [rrɛˈtraso]
zollfreier Laden	**tienda de duty-free, la** [ˈtĭenda đe ˈđĭutifri]
Zwischenlandung	**escala, la** [esˈkala]

Auf dem Schiff

Wann legt die Fähre nach ... ab?
¿Cuándo sale el ferry para ...?
[ˈkŭando ˈsale ɛl ˈfɛrri ˈpara]

Wie lange dauert die Überfahrt?
¿Cuánto dura la travesía? [ˈkŭantɔ ˈdura la traƀeˈsia]

Ich möchte mein Auto mitnehmen.
Quisiera llevar mi coche. [kiˈsĭera ʎeˈƀar mi ˈkotʃe]

Wann müssen wir an Bord kommen?
¿Cuándo tenemos que embarcar?
[ˈkŭando teˈnemɔs ke embarˈkar]

Ich möchte eine Einzelkabine buchen.
Quisiera reservar una cabina individual.
[kiˈsĭera reserˈbar una kaˈƀina indiƀiˈđŭal]

Wir hätten gerne eine Kabine für ... Personen.
Quisiéramos una cabina para ... personas.
[kiˈsĭeramɔs ˈuna kaˈƀina ˈpara … pɛrˈsonas]

Wo finde ich Kabine Nr. ...?
¿Dónde está la cabina con el número ...?
[ˈdɔnde esˈta la kaˈƀina kɔn ɛl ˈnumero]

Könnte ich eine andere Kabine bekommen?
¿Me podrían dar otra cabina?
[me poˈđrian dar ˈotra kaˈƀina]

Haben Sie etwas gegen meine Seekrankheit?
¿Tiene algo para el mareo?
[ˈtĭene ˈalgo ˈpara ɛl maˈreo]

Wann legen wir in ... an?
¿Cuándo llegamos a ...? [ˈkŭando ʎeˈgamɔs a]

Vokabeln

Anleger	**atracadero, el** [atraka'đero]
Anlegestelle	**embarcadero, el** [embarka'đero]
Außenkabine	**cabina exterior, la** [ka'ƀina este'rĭ ɔr]
backbord	**babor** [ba'ƀɔr]
Deck	**cubierta, la** [ku'ƀĭ ɛrta]
Fähre	**ferry, el** ['fɛrri]
Festland	**tierra firme, la** ['tĭ erra 'firme]
Hafen	**puerto, el** ['pŭɛrto]
Innenkabine	**cabina interior, la** [ka'ƀina inte'rĭ ɔr]
Insel	**isla, la** ['isla]
Kabine	**cabina, la** [ka'ƀina]
Kai	**muelle, el** ['mŭeʎe]
Kanal	**canal, el** [ka'nal]
Kapitän	**capitán, el** [kapi'tan]
Küste	**costa, la** ['kɔsta]
Liegestuhl	**tumbona, la** [tum'bona]
Luftkissenboot	**aerodeslizador, el** [aeređezliθa'đɔr]
Rettungsboot	**bote salvavidas, el** ['bote salƀa'ƀiđas]
Rettungsring	**salvavidas, el** [salƀa'ƀiđas]
Rundfahrt	**circuito, el** [θir'kŭito]
Schwimmweste	**chaleco salvavidas, el** [tʃa'leko salƀa'ƀiđas]
Seegang	**marejada, la** [mare'xađa]
seekrank	**mareado** [mare'ađo]
Sonnendeck	**cubierta de sol, la** [kŭbĭ ɛrta đe sɔl]
Speisesaal	**comedor, el** [kome'đɔr]
steuerbord	**estribor** [estri'ƀɔr]
Ufer	**orilla, la** [o'riʎa]
Wellen	**olas, las** ['ɔlas]

Übernachtung

Im Hotel

Ich suche eine Pension/ein günstiges Hotel.
Busco una pensión/un hotel barato.
[ˈbusko ˈuna penˈsĭ ɔn/un oˈtɛl ƀaˈrato]

Können Sie mir ein gutes Hotel empfehlen?
¿Puede recomendarme un buen hotel?
[ˈpŭeđe rrɛkomenˈdarme um ˈbŭen oˈtɛl]

Wie komme ich zum Hotel ...?
¿Cómo voy al hotel ...? [ˈkomo ƀɔĭ al oˈtɛl]

Ich habe bei Ihnen ein Zimmer auf den Namen ... reserviert.
Tengo una habitación reservada a nombre de ...
[ˈteŋgo ˈuna aƀitaˈθĭ ɔn rrɛsɛrˈƀađa a ˈnɔmbre đe]

Ich möchte ein Zimmer bei Ihnen reservieren.
Quisiera reservar una habitación.
[kiˈsĭ era rrɛsɛrˈƀar ˈuna aƀitaˈθĭ ɔn]

Sind bei Ihnen noch Zimmer frei?
¿Tienen todavía habitaciones libres?
[ˈtĭ enen tođaˈƀia aƀitaˈθĭ ones ˈliƀres]

Haben Sie ein Doppelzimmer/ein Einzelzimmer?
¿Tienen una habitación doble/individual?
[ˈtĭ enen ˈuna aƀitaˈθĭ ɔn ˈđoble/indiƀiˈđŭal]

Wir haben leider keine Zimmer mehr frei.
Por desgracia ya no nos queda ninguna habitación libre.
[pɔr desˈgraθia ʎa no nos ˈkeda niŋˈguna abitaˈθĭ ɔn ˈliƀre]

Ab morgen werden wieder Zimmer frei sein.
A partir de mañana tendremos habitaciones libres.
[a parˈtir đe maˈɲana tenˈdremɔs aƀitaˈθĭonez ˈliƀres]

Ich hätte gerne ein Zimmer für ... Nächte/Wochen.
Quisiera una habitación para ... noches/semanas.
[kiˈsĭera ˈuna aƀitaˈθĭɔn ˈpara … ˈnotʃes/seˈmanas]
... mit Dusche. ... con ducha. [kon ˈdutʃa]
... mit Bad. ... con baño. [kon ˈbaɲo]
... mit Klimaanlage.
... con aire acondicionado. [kɔn ˈaĭre akɔndiθĭoˈnađo]
... mit Blick aufs Meer.
... con vista al mar. [kɔm ˈbista al mar]

Wie viel kostet das Zimmer
¿Cuánto cuesta la habitación?
[ˈkŭanto ˈkŭesta la aƀitaˈθĭɔn]
... pro Nacht? ... por noche? [pɔr ˈnotʃe]
... pro Person? ... por persona? [por pɛrˈsona]
... mit Frühstück? ... con desayuno? [kɔn desaˈjuno]
... mit Halbpension?
... con media pensión? [kɔm ˈmeđĭa penˈsĭɔn]
... mit Vollpension?
... con pensión completa? [kɔm penˈsĭɔn kɔmˈpleta]

Kann ich mir das Zimmer ansehen?
¿Puedo ver la habitación? [ˈpŭeđo ƀɛr la aƀităθĭɔn]

Es ist in Ordnung. Ich nehme es.
Está bien. La tomo. [esˈta ƀĭen la ˈtomo]

Ich überlege es mir noch einmal.
Tengo que pensármelo un poco.
[ˈteŋgo ke penˈsarmelo un ˈpoko]

Wäre es möglich, noch ein drittes Bett dazuzustellen?
¿Sería posible poner una tercera cama?
[seˈria poˈsiƀle poˈnɛr ˈuna tɛrˈθera ˈkama]

Ich hätte gerne ein ruhigeres Zimmer.
Quisiera una habitación más tranquila.
[kisĭera ˈuna aƀitaˈθĭɔn mas traŋˈkila]

Könnten wir bitte zwei Zimmer haben, die nebeneinander liegen?
¿Podríamos tener dos habitactiones contiguas?
[poˈđriamɔs teˈnɛr đɔs aƀitaˈθĭones kɔnˈtigŭas]

Bitte füllen Sie dieses Anmeldeformular aus!
Por favor rellene este formulario.
[pɔr faˈƀɔr rrɛˈʎene ˈeste fɔrmuˈlarĭo]

Bitte geben Sie mir Ihren Personalausweis!
Por favor deme su carnet de identidad.
[pɔr faˈƀɔr deme su karˈne đe iđentiˈđađ]

Ab wann können wir in unser Zimmer?
¿Cuándo podemos instalarnos en nuestra habitación?
[ˈkŭando poˈđemɔs instaˈlarnɔs en ˈnŭestra aƀitaˈθĭɔn]

Wann ist unser Zimmer fertig?
¿Cuándo estará lista nuestra habitación?
[ˈkŭando estaˈra ˈlista ˈnŭestra aƀitaˈθĭɔn]

Können Sie mir die Koffer bitte auf mein Zimmer bringen lassen?
¿Puede hacer que lleven las maletas a mi habitación?
[ˈpŭeđe aˈθɛr ke ˈʎeƀen las maˈletas a mi aƀitaˈθĭɔn]

Kann ich mein Gepäck hier stehen lassen?
¿Puedo dejar aquí el equipaje?
[ˈpŭeđo đɛˈxar aˈki ɛl ekiˈpaxe]

Der Aufzug ist dort drüben.
El ascensor está ahí enfrente.
[ɛl asθenˈsɔr esˈta aˈi enˈfrente]

Wo kann ich hier mein Auto parken?
¿Dónde puedo aparcar el coche por aquí?
[ˈdɔnde ˈpŭeđo aparˈkar ɛl ˈkotʃe pɔr aˈki]

Dürfen wir unseren Hund/unsere Katze mitbringen?
¿Podemos traer a nuestro perro/gato?
[poˈđemɔs traˈɛr a ˈnŭestro ˈpɛrro/ˈgato]

Hat Ihr Hotel einen Fitnessraum?
¿Tiene su hotel gimnasio? [ˈtĭene su oˈtɛl ximˈnasĭo]
... eine Sauna? ... sauna? [ˈsaŭna]
... ein Schwimmbad? ... piscina? [pisˈθina]
... einen Wellnessbereich?
... zona de wellness? [θɔna đe ŭelˈnes]
... ein Solarium? ... solarium? [soˈlarĭum]

Hotelgäste dürfen den Wellnessbereich kostenlos nutzen.
Los clientes del hotel pueden usar el wellness gratis.
[lɔs kliˈentes đel oˈtɛl ˈpŭeđen uˈsar ɛl ŭelˈnes ˈgratis]

Haben Sie einen Masseur im Haus?
¿Hay masajista en este establecimiento?
[ai masaˈxista en ˈeste estableθiˈmĭento]

Bademäntel können gegen eine geringe Leihgebühr ausgeliehen werden.
Los albornoces se pueden pedir prestados pagando una pequeña suma.
[lɔs alƀɔrˈnoθes se ˈpŭeđem peˈđir presˈtađɔs paˈgando ˈuna peˈkeɲa ˈsuma]

Sie können von Ihrem Zimmer direkt nach Deutschland telefonieren.
Pueden llamar directamente a Alemania desde su habitación.
[ˈpŭeđen ʎaˈmar dirɛktaˈmente a aleˈmania ˈđezđe su aƀitaˈθĭɔn]

Sie erhalten eine Amtsleitung, indem Sie vorher die Null wählen.
Recibirán un enlace de centralita después de marcar el cero.
[rrεθiƀiˈran un enˈlaθe đe θentraˈlita desˈpŭez đe marˈkar εl ˈθero]

Telefonate im Haus sind kostenlos.
Las llamadas dentro del hotel son gratuitas.
[las ʎaˈmađas ˈđentro đεl oˈtεl son graˈtŭitas]

Für den Safe/den Schlüssel müssen Sie eine Kaution bei uns hinterlegen.
Por la llave/caja fuerte deben dejar una fianza.
[pɔr la ˈʎaƀe/ˈkaxa ˈfŭεrte ˈđeƀen dεˈxar ˈuna ˈfĭanθa]

Kann ich hier im Hotel meinen Anzug reinigen lassen?
¿Es posible lavar este traje en el hotel?
[es poˈsiƀle laˈƀar ˈeste ˈtraxe en εl oˈtεl]

Wo kann ich mein Kleid bügeln lassen?
¿Dónde puedo planchar mi vestido?
[ˈdɔnde ˈpŭeđo planˈtʃar mi ƀesˈtiđo]

Hat das Hotel einen direkten Zugang ans Meer?
¿Tiene el hotel una salida directa al mar?
[ˈtĭene εl oˈtεl ˈuna saˈliđa diˈrεkta al mar]

Gibt es einen hoteleigenen Strand?
¿Tiene el hotel playa propia?
[ˈtĭene εl oˈtεl ˈplaja ˈpropĭa]

Wann kann man frühstücken?
¿Cuándo se puede tomar el desayuno?
[ˈkŭando se ˈpŭeđe toˈmar εl desaˈjuno]
... Mittag essen?
... el almuerzo? [εl alˈmŭεrθo]
... Abend essen?
... la cena? [la ˈθena]

Wo ist der Speisesaal/Frühstücksraum?
¿Dónde se encuentra el comedor?
[ˈdɔnde se eŋˈkŭentra ɛl komeˈđɔr]

Können Sie uns das Frühstück bitte im Zimmer servieren?
¿Pueden servirnos el desayuno en la habitación?
[ˈpŭeđen sɛrˈƀirnɔs ɛl desaˈjuno en la aƀitaˈθĭɔn]

Wir möchten nicht gestört werden.
No deseamos que se nos moleste.
[no deseˈamɔs ke se nos moˈleste]

Haben Sie einen Hotelsafe?
¿Tienen una caja fuerte en el hotel?
[ˈtĭenen ˈuna ˈkaxa ˈfŭɛrte en ɛl oˈtɛl]

Ich möchte gerne meine Wertsachen im Hotelsafe deponieren.
Quisiera depositar mis cosas de valor en la caja fuerte del hotel.
[kiˈsĭera đepɔsiˈtar mis ˈkosaz đe ƀaˈlɔr en la ˈkaxa ˈfŭɛrte đɛl oˈtɛl]

Auf unserem Zimmer fehlen die Handtücher.
En nuestra habitación faltan las toallas.
[en ˈnŭestra aƀitaˈθĭɔn ˈfaltan las toˈaʎas]

Wir benötigen frische Handtücher.
Necesitamos toallas limpias.
[neθesiˈtamɔs toˈaʎas ˈlimpĭas]

Jeden Mittwoch werden die Handtücher gewechselt.
Las toallas se cambian todos los miércoles.
[las toˈaʎas se ˈkambĭan todɔs los ˈmĭɛrkoles]

Unsere Betten sind noch nicht bezogen.
Nuestras camas todavía no están hechas.
[ˈnŭestras ˈkamas tođaˈbia no esˈtan ˈetʃas]

Ist es möglich, eine zusätzliche Decke zu bekommen?
¿Me puede dar otra manta más?
[me ˈpŭeđe dar ˈotra ˈmanta ˈmas]

Die Glühlampe ist kaputt.
La bombilla está fundida. [la bɔmˈbiʎa esˈta funˈdida]

Das Fenster geht nicht auf/zu.
La ventana no se abre/cierra.
[la ƀenˈtana no se ˈaƀre/ˈθĭɛrra]

Aus dem Hahn kommt kein (warmes) Wasser.
No sale agua (caliente) del grifo.
[no ˈsale agŭa kaˈlĭente đɛl ˈgrifo]

Können Sie mir bitte den Fernseher erklären?
¿Pueden explicarme cómo funciona el televisor?
[ˈpŭeđen espliˈkarme ˈkomo funˈθĭona ɛl teleƀiˈsɔr]

Geben Sie mir bitte meinen Zimmerschlüssel!
Por favor deme la llave de la habitación.
[pɔr faˈƀɔr ˈdeme la ˈʎaƀe đe la aƀitaˈθĭɔn]

Ich habe meinen Zimmerschlüssel verloren.
He perdido la llave de la habitación
[he pɛrˈđiđo la ˈʎaƀe đe la aƀitaˈθĭɔn]
... versehentlich im Zimmer gelassen.
Me he dejado la llave en la habitación.
[me e đɛˈxađo la ˈʎaƀe en la aƀitaˈθĭɔn]

Haben Sie eine Nachricht für mich?
¿Tienen algún recado para mi?
[ˈtĭenen alˈgun rreˈkađo ˈpara mi]

Ab circa 10.00 Uhr können Sie an der Rezeption Ihre Post abholen.
A partir de las 10 puede recoger el correo en la recepción.
[a parˈtir đe laz ˈđĭeθ ˈpŭeđe rrɛkɔˈxɛr ɛl kɔˈrrɛo en la rrɛθɛpˈθĭɔn]

Wir würden gerne unseren Aufenthalt um ... Tage verlängern.
Quisiéramos prolongar ... días nuestra estancia.
[kiˈsĭeramɔs prolɔŋˈgar … ˈdias ˈnŭestra esˈtanθĭa]

Abreise

Wir reisen morgen ab.
Salimos mañana. [saˈlimɔz maɲana]

Wir möchten einen Tag früher abreisen.
Quisiéramos partir un día antes.
[kiˈsĭeramɔs parˈtir un ˈdia ˈantes]

Bitte machen Sie die Rechnung für mich fertig.
Por favor prepárenme la cuenta.
[pɔr faˈƀɔr preˈparenme la ˈkŭenta]

Bitte wecken Sie uns morgen früh um ...
Por favor llámenos mañana a las ...
[pɔr faˈƀɔr ˈʎamenɔs maˈɲana a las]

Kann ich mit Kreditkarte bezahlen?
¿Puedo pagar con tarjeta de crédito?
[ˈpŭeđo paˈgar kɔn tarˈxeta đe ˈkređito]

Bis wann müssen wir am Abreisetag das Zimmer räumen?
¿A qué hora tenemos que desalojar la habitación el día de salida?
[a ke ˈora teˈnemɔs ke desalɔˈxar la aƀitaˈθĭɔn ɛl ˈdia đe saˈliđa]

Bitte räumen Sie am Abreisetag bis 10.00 Uhr die Zimmer.
Por favor desalojen la habitación hasta las 10 de la mañana del día de salida.
[pɔr faˈƀɔr desaˈlɔxen la aƀitaˈθĭɔn ˈasta laz ˈđĭeθ de la maˈɲana dɛl ˈdia đe saˈliđa]

Kann ich das Gepäck noch bis ... Uhr hier lassen?
¿Puedo dejar el equipaje aquí hasta las ...?
[ˈpŭeđo đɛˈxar ɛl ekiˈpaxe aˈki ˈasta las]

Können wir morgen bitte etwas früher frühstücken?
¿Podemos desayunar mañana más temprano?
[poˈđemɔz đesajuˈnar maˈɲana mas temˈprano]

Wir haben uns hier sehr wohl gefühlt.
Hemos disfrutado de una estancia muy agradable aquí.
[ˈemɔs disfruˈtađo de ˈuna esˈtanθĭa ˈmui agraˈdable aˈki]

Vokabeln

Abend essen	**cenar** [θeˈnar]
Abreise	**salida, la** [saˈliđa]
Ankunft	**llegada, la** [ʎeˈgađa]
Anzahlung	**depósito, el** [deˈposito]
Aufzug	**ascensor, el** [asθenˈsɔr]
Aussicht	**vista, la** [ˈbista]
Badezimmer	**cuarto de baño, el** [ˈkŭarto đe ˈbaɲo]
Balkon	**balcón, el** [balˈkɔn]
Beistellbett	**cama supletoria, la** [ˈkama supleˈtɔrĭa]
Bett	**cama, la** [ˈkama]
Bettdecke	**manta, la** [ˈmanta]
Bettwäsche	**ropa de cama, la** [ˈrrɔpa đe ˈkama]
Doppelbett	**cama doble, la** [ˈkama ˈdoƀle]
Dusche	**ducha, la** [ˈdutʃa]
Einzelzimmer	**habitación individual, la** [aƀitaˈθĭɔn indiƀiˈdŭal]
Etage	**piso, el** [ˈpiso]
Fenster	**ventana, la** [benˈtana]

Ferienwohnung	**vivienda de vacaciones, la** [biˈƀĭenda đe ƀakaˈθĭones]
Fernseher	**televisor, el** [teleƀiˈsɔr]
Flur	**pasillo, el** [paˈsiʎo]
Frühstück	**desayuno, el** [desaˈjuno]
Hauptsaison	**temporada alta, la** [tempoˈrađa ˈalta]
Heizung	**calefacción, la** [kalefagˈθĭɔn]
Hotelpersonal	**personal del hotel, el** [pɛrsoˈnal dɛl oˈtɛl]
Kinderbett	**cama de niño, la** [ˈkama đe ˈniɲo]
Klimaanlage	**aire acondicionado, el** [ˈaĭre akɔndiθĭoˈnađo]
Kühlschrank	**nevera, la** [neˈƀera]
Matratze	**colchón, el** [kɔlˈtʃɔn]
Minibar	**minibar, el** [miniˈƀar]
Nachsaison	**temporada baja, la** [tempoˈrađa ˈbaxa]
Pension	**pensión, la** [penˈsĭɔn]
Portier	**portero, el** [pɔrˈtero]
reinigen	**lavar** [laƀar]
reparieren	**reparar** [rrɛpaˈrar]
Reservierung	**reserva, la** [rrɛˈsɛrƀa]
Rezeption	**recepción, la** [rrɛθɛpˈθĭɔn]
Speisezimmer	**comedor, el** [komeˈđɔr]
Stockwerk	**piso, el** [ˈpiso]
Übernachtung	**pernoctación, la** [pɛrnɔktaˈθĭɔn]
Vorsaison	**temporada baja, la** [tempoˈrađa ˈbaxa]
Zimmerservice	**servicio de habitaciones, el** [sɛrˈƀiθĭo đe aƀitaˈθĭɔnes]
Zweibettzimmer	**habitación doble, la** [aƀitaˈθĭɔn ˈdoble]

Auf dem Campingplatz

Gibt es hier in der Nähe einen Campingplatz?
¿Hay aquí cerca algún camping?
[aĭ aˈki ˈθɛrka alˈguŋ ˈkampiŋ]

Vermieten Sie Wohnwagen/Bungalows?
¿Alquilan caravanas/cabañas?
[alˈkilan karaˈƀanas/kaˈƀaɲas]

Haben Sie noch Platz für ein Zelt?
¿Les queda todavía sitio para una tienda?
[les ˈkeda todaˈƀia ˈsitĭo ˈpara ˈuna ˈtĭenda]
... ein Auto mit Wohnwagen?
... un coche con caravana? [uŋ ˈkotʃe kɔn karaˈƀana]
... ein Wohnmobil?
... una autocaravana? [ˈuna ˈaŭtɔkaraˈƀana]

Wie hoch ist die Gebühr für ... Erwachsene und ... Kinder?
¿Cuánto cuesta para ... mayores y ... niños?
[ˈkŭanto ˈkŭesta ˈpara maˈjores i … ˈniɲɔs]

Ist der Campingplatz nachts bewacht?
¿Está vigilado el camping por la noches?
[esˈta ƀixiˈlađo ɛl ˈkampiŋ pɔr las ˈnotʃes]

Wir möchten einen Tag/... Tage bleiben.
Quisiéramos quedarnos un día/... días.
[kiˈsĭeramɔs keˈđarnɔs un ˈdia/… ˈdias]

Dürfen wir auf Ihrem Grundstück zelten?
¿Puedo instalar mi tienda en su terreno?
[ˈpŭeđo instaˈlar mi ˈtĭenda en su tɛˈrrɛno]

Wo kann ich meinen Wohnwagen/mein Zelt hinstellen?
¿Dónde puedo instalar mi tienda/caravana?
[ˈdɔnde ˈpŭeđor instaˈlar mi ˈtĭenda/karaˈƀana]

Wo sind die Waschräume/die Toiletten?
¿Dónde se encuentran los lavaderos/lavabos?
[ˈdɔnde se eŋˈkŭentran lɔz laƀaˈđerɔs/laˈƀaƀɔs]

Kostet das Duschen extra?
¿Cuestan extra las duchas?
[ˈkŭestan ˈegstra las ˈdutʃas]

Haben Sie Gasflaschen?
¿Tienen bombonas de gas? [ˈtĭenem bɔmˈbonaz đe gas]

Wo kann ich die Batterien für meinen Wagen aufladen?
¿Dónde puedo recargar las baterías para el coche?
[ˈdɔnde ˈpŭeđo rrekarˈgar laz ƀateˈrias ˈpara ɛl ˈkotʃe]
... frisches Wasser nachfüllen?
... rellenar agua potable? [rreʎeˈnar ˈagŭa poˈtaƀle]
... die Chemietoilette entsorgen?
... vaciar el lavabo químico? [baˈθĭar ɛl laˈƀaƀo ˈkimiko]
... das Abwasser entsorgen?
... vaciar el agua residual? [baˈθĭar ɛl ˈagŭa rrɛsiˈdŭal]

Wo bekomme ich Trinkwasser?
¿Dónde puedo conseguir agua potable por aquí?
[ˈdɔnde ˈpŭeđo kɔnseˈgir ˈagŭa poˈtaƀle pɔr aˈki]

Gibt es hier einen Stromanschluss?
¿Hay aquí una toma de corriente?
[aĭ aˈki ˈuna ˈtoma đe kɔˈrrĭente]

Haben Sie hier eine Waschmaschine?
¿Tiene aquí una lavadora? [ˈtĭene aˈki ˈuna laƀaˈđora]

Können Sie mir bitte ... leihen?
¿Puede prestarme ...? [ˈpŭeđe presˈtarme]

Wie kommt man von hier aus am besten ins Zentrum?
¿Cómo se llega mejor al centro desde aquí?
[ˈkomo se ˈʎega mɛˈxɔr al ˈθentro ˈdezđe aˈki]

Vokabeln

Abmeldung	**baja, la** [ˈbaxa]
Anmeldung	**alta, el** [ˈalta]
aufstellen	**colocar** [koloˈkar]
ausleihen	**prestar** [presˈtar]
Batterien	**baterías, las** [bateˈrias]
Benutzungs-gebühr	**tasa de utilización, la** [ˈtasa de utiliθaˈθĭ ɔn]
Besteck	**cubiertos, los** [kuˈƀĭ ɛrtɔs]
Campingausweis	**tarjeta de camping, la** [tarˈxeta đe ˈkampiŋ]
Campingplatz	**camping, el** [ˈkampiŋ]
Decke	**manta, la** [ˈmanta]
Dosenöffner	**abrelatas, el** [aƀreˈlatas]
Dusche	**ducha, la** [ˈdutʃa]
Eimer	**cubo, el** [ˈkŭbo]
Feuerzeug	**mechero, el** [meˈtʃero]
Gasflasche	**bombona de gas, la** [bɔmˈbona đe ɡas]
Gaskartusche	**cartucho de gas, el** [karˈtutʃo đe ɡas]
Gaskocher	**hornillo de gas, el** [horˈniʎo đe ɡas]
Grillkohle	**carbón de parrilla, el** [karˈƀɔn de paˈrriʎa]
Hammer	**martillo, el** [marˈtiʎo]
Hering	**piquete, el** [piˈkete]
Isomatte	**estera aislante, la** [esˈtera aĭ sˈlante]
Kerzen	**vela, la** [ˈƀela]
Kocher	**hornillo, el** [ɔrˈniʎo]
Kochgeschirr	**ollas, las** [ˈoʎas]
Kochstelle	**cocina, la** [koˈθina]
Kochtopf	**olla, la** [ˈoʎa]

Kühltasche	**nevera portátil, la** [neˈƀera pɔrˈtatil]
Lagerfeuer	**hoguera, el** [oˈgera]
leihen	**prestar** [presˈtar]
Luftmatratze	**colchoneta, la** [kɔltʃoˈneta]
nachfüllen	**rellenar** [rrɛʎeˈnar]
Petroleumlampe	**lámpara de petróleo,la** [ˈlampara đe peˈtroleo]
Pfanne	**sartén, la** [sarˈten]
Schlafsack	**saco de dormir, el** [ˈsako đe dɔrˈmir]
Spülmittel	**detergente, el** [detɛrˈxente]
Steckdose	**enchufe, el** [enˈtʃufe]
Stellplatz	**aparcamiento, el** [aparkaˈmĭento]
Streichhölzer	**cerillas, las** [θeˈriʎas]
Strom	**corriente, la** [kɔˈrrĭente]
Taschenlampe	**linterna, la** [linˈtɛrna]
Taschenmesser	**navaja, la** [naˈƀaxa]
Topf	**olla, la** [ˈoʎa]
Trinkwasser	**agua potable, el** [ˈagŭa poˈtaƀle]
vermieten	**alquilar** [alkiˈlar]
Vorzelt	**avance, el** [aˈƀanθe]
Wagen	**automóvil, el** [aŭtoˈmoƀil]
Wäscheklammer	**pinza para la ropa, la** [ˈpinθa ˈpara la ˈrrɔpa]
Wäscheleine	**cuerda para la ropa la** [ˈkŭɛrđa ˈpara la ˈrrɔpa]
waschen	**lavar** [laˈƀar]
Waschmaschine	**lavadora, la** [laƀaˈđora]
Waschmittel	**detergente, el** [detɛrˈxente]
Wasserkanister	**bidón para agua, el** [biˈdɔn ˈpara ˈagŭa]
Wohnmobil	**autocaravana, la** [aŭtokaraˈƀana]
Zelt	**tienda, la** [ˈtĭenda]

Sehenswürdigkeiten

Haben Sie einen Stadtplan?
¿Tiene un mapa de la ciudad?
[ˈtĭene um ˈplano đe la θĭŭdađ]

Welche Sehenswürdigkeiten gibt es hier?
¿Qué atracciones turísticas hay aquí?
[ke atragˈθĭones tuˈristikas aĭ aˈki]

Wann ist ... geöffnet?
¿Cuándo está abierto ...? [kŭando esˈta abˈĭɛrto]

Wann wird ... geschlossen?
¿Cuándo cierra ...? [kŭando ˈθĭɛrra]

Wann findet ... statt?
¿Cuándo tiene lugar ...? [kŭando ˈtĭene luˈgar]

Ich möchte gerne ... besichtigen.
Me gustaría visitar ... [me gustaˈria ƀisiˈtar]

Kostet das Eintritt?
¿Hay que pagar entrada? [aĭ ke paˈgar enˈtrađa]

Wo beginnt die Führung?
¿Dónde empieza la visita? [ˈdɔnde emˈpĭeθa la ƀiˈsita]

Können Sie mir bitte sagen, wann die Führung beginnt?
¿Me podría decir cuándo empieza la visita?
[me poˈđria deˈθir ˈkŭando emˈpĭeθa la ƀiˈsita]

Wir möchten eine Stadtrundfahrt machen.
Nos gustaría hacer una visita de la ciudad.
[nɔz gustaˈria aˈθɛr ˈuna ƀisiˈta đe la θĭŭdađ]

Welche Ausflüge bieten Sie an?
¿Qué excursiones ofrece? [ke eskurˈsĭɔnes oˈfreθe]

Wir möchten uns für die Tagestour nach ... anmelden.
Queremos inscribirnos para la excursión de día a ...
[keˈremɔs inskriˈƀirnɔs ˈpara la eskurˈsĭɔn de dia a]

Wann/Wo fahren wir los?
¿Cuándo/De dónde salimos? [ˈkŭando/đe ˈđɔnde saˈlimɔs]

Wann kommen wir zurück?
¿Cuándo volvemos? [ˈkŭando ƀɔlˈƀemɔs]

Was für ein Platz/Gebäude ist das?
¿Qué plaza/edificio es ésta/éste?
[ke ˈplaθa/ediˈfiθĭo es ˈesta/ˈeste]

Ist das ...? ¿Es ...? [es]

Darf man hier fotografieren/filmen?
¿Se pueden tomar fotos/Se puede filmar aquí?
[se ˈpŭeđen toˈmar ˈfotɔs/se ˈpŭeđe filˈmar aˈki]

Vokabeln

Abtei	**abadía, la** [aƀaˈdia]
Altar	**altar, el** [alˈtar]
Altstadt	**casco antiguo, el** [ˈkasko anˈtigŭo]
Anmeldung	**inscripción, la** [inskripˈθĭɔn]
Architektur	**arquitectura, la** [arkitɛkˈtura]
antik	**antiguo** [anˈtigŭo]
Ausflugs-programm	**programa de excursiones, el** [proˈgrama đe eskurˈsĭɔnes]
Ausgrabungen	**excavaciones, las** [eskaƀaˈθĭones]
Aussichtspunkt	**mirador, el** [miraˈđɔr]
Ausstellung	**exposición, la** [esposiˈθĭɔn]
Barock	**Barroco, el** [baˈrroko]
Bauwerk	**edificio, el** [ediˈfiθĭo]

besichtigen	**visitar** [bisi'tar]
Bild	**cuadro, el** ['kŭađro]
Bootsfahrt	**viaje en lancha, el** ['bĭaxe en 'lantʃa]
botanischer Garten	**jardín botánico, el** [xar'đim bo'taniko]
Brücke	**puente, el** ['pŭente]
Brunnen	**pozo, el** ['poθo]
Burg	**castillo, el** [kas'tiʎo]
Denkmal	**monumento, el** [monu'mento]
Dom	**catedral, la** [kate'đral]
Fassade	**fachada, la** [fa'tʃađa]
Festung	**fortaleza, la** [fɔrta'leθa]
Fluss	**río, el** ['rrio]
Friedhof	**cementerio, el** [θemen'terĭo]
Fußgängerzone	**zona peatonal, la** ['θona peato'nal]
Führer	**guía, el** ['gia]
Führung	**visita guiada, la** [bi'sita gi'ađa]
Galerie	**galería,la** [gale'ria]
Garten	**jardín, el** [xar'din]
Gebäude	**edificio, el** [edi'fiθĭo]
geöffnet	**abierto** [a'bĭɛrto]
geschlossen	**cerrado** [θɛ'rrađo]
gotisch	**gótico** ['gotiko]
Gruppen-ermäßigung	**descuento para grupos, el** [des'kŭento 'para 'grupɔs]
Hafen	**puerto, el** ['pŭɛrto]
Jahrhundert	**siglo, el** ['siglo]
Jugendstil	**Modernismo, el** [mođer'nizmo]
Kirche	**iglesia, la** [i'glesĭa]
Kloster	**monasterio, el** [monas'terĭo]
Kreuzgang	**claustro, el** ['klaŭstro]
Krypta	**cripta, el** ['kripta]
Künstler	**artista, el** [ar'tista]

Kuppel	**cúpula, la** [ˈkupula]
Markt	**mercado, el** [mɛrˈkađo]
mittelalterlich	**medieval** [međĭeˈƀal]
Museum	**museo, el** [muˈseo]
Palast	**palacio, el** [paˈlaθĭo]
Park	**parque, el** [ˈparke]
Planetarium	**planetario, el** [planeˈtario]
Platz	**plaza, la** [ˈplaθa]
Rathaus	**ayuntamiento, el** [aʎuntaˈmĭentɔ]
Renaissance	**Renacimiento, el** [rrɛnaθiˈmĭento]
romanisch	**románico** [rrɔˈmaniko]
Ruine	**ruina, la** [ˈrrŭina]
Säule	**columna, la** [koˈlumna]
Schloss	**castillo, el** [kasˈtiʎo]
See	**lago, el** [ˈlago]
Stadtmauer	**muralla de la ciudad, la** [muˈraʎa đe la θĭuˈđađ]
Stadtplan	**plano de la ciudad, el** [ˈplano đe la θĭuˈđađ]
Stadtrundfahrt	**visita de la ciudad, la** [viˈsita đe la θĭuˈđađ]
Stadtteil	**barrio, el** [ˈbarrĭo]
Stadttor	**puerta de la ciudad, la** [ˈpŭɛrta đe la θĭuˈđađ]
Statue	**estatua, la** [esˈtatŭa]
Straße	**calle, la** [ˈkaʎe]
Tagesausflug	**excursión de un día, la** [eskurˈsĭɔn de un dia]
Tor	**puerta, la** [ˈpŭɛrta]
Turm	**torre, la** [ˈtɔrrɛ]
Wahrzeichen	**símbolo de la ciudad, el** [ˈsimbolo đe la θĭuˈđađ]
Zoo	**zoo, el** [θo]

Freizeit und Unterhaltung

Theater und Konzert

Was gibt es diese/nächste Woche für Veranstaltungen?
¿Qué actividades hay esta/la próxima semana?
[ke aktiƀiˈđađes aĭ ˈesta/la ˈprɔɡsima seˈmana]

Haben Sie einen Veranstaltungskalender?
¿Tienen un calendario de espectáculos?
[ˈtĭenen uŋ kalenˈdarĭo đe espɛkˈtakulɔs]

Können Sie mir ein gutes Konzert empfehlen?
¿Pueden recomendarme un buen concierto?
[ˈpŭeđen rrɛkomenˈdarme un ˈbŭen kɔnˈθĭɛrto]

Gibt es im ...-Theater eine Vorstellung?
¿Hay una función de teatro ...?
[aĭ ˈuna funˈθĭɔn đe teˈatro]

Wann beginnt die Vorstellung?
¿Cuándo empieza la función?
[ˈkŭando emˈpĭeθa la funˈθĭɔn]

Ab wann ist Einlass?
¿A partir de qué hora se puede entrar?
[a parˈtir đe ke ˈora se ˈpŭeđe enˈtrar]

Gibt es eine Pause?
¿Hay una pausa? [aĭ ˈuna ˈpaŭsa]

Wie lange dauert die Pause?
¿Cuánto dura la pausa?
[ˈkŭanto ˈđura la ˈpaŭsa]

Wie heißt das Stück?
¿Cómo se llama la obra? [ˈkomo se ˈʎama la ˈoƀra]

Ich habe gehört, dass das Stück gut sein soll.
He oído que la obra es buena.
[e oˈiđo ke la ˈoƀra ez ˈƀŭena]

Ich möchte ... Karten reservieren.
Quisiera reservar ... entradas.
[kiˈsĭera rrɛsɛrˈˇƀar … enˈtrađas]

Gibt es noch Karten für ...?
¿Aún hay entradas para ...? [aˈun aĭ enˈtrađas ˈpara]

Gibt es Ermäßigung für Kinder?
¿Hay rebajas para niños? [aĭ rrɛˈƀaxas ˈpara ˈniɲɔs]
... Studenten? **... estudiantes?** [estuˈđĭantes]
... Senioren? **... personas mayores?** [pɛrˈsonas maˈjores]

Vokabeln

Abendkasse	**taquilla de noche, la** [taˈkiʎa đe ˈnotʃe]
ausverkauft	**agotado** [agoˈtađo]
Ballett	**ballet, el** [baˈʎet]
Bühne	**escenario, el** [esθeˈnarĭo]
Chor	**coro, el** [ˈkoro]
Dirigent	**director, el** [direkˈtor]
Drama	**drama, el** [ˈdrama]
Klassik	**música clásica, la** [ˈmusika ˈklasika]
Komödie	**comedia, la** [koˈmedĭa]
Konzert	**concierto, el** [kɔnˈθĭɛrto]
Musik	**música, la** [ˈmusika]
Oper	**ópera, la** [ˈopera]
Orchester	**orquesta, el** [ɔrˈkesta]
Parkett	**platea, la** [plaˈtea]
Platz	**asiento, el** [aˈsĭento]

Premiere	**estreno, el** [esˈtreno]
Programmheft	**programa, el** [proˈgrama]
Reihe	**fila, la** [ˈfila]
Rockkonzert	**concierto de rock, el** [kɔnˈθĭɛrto đe rɔk]
Sänger/in	**cantante, el/la** [kanˈtante]
Schauspieler/in	**artista, el** [arˈtista]
Stehplatz	**localidad de pie, la** [lokaliđađ đe pĭe]
Tänzer/in	**bailarín/-rina, el/la** [baĭlaˈrin/-ˈrina]
Tragödie	**tragedia, la** [traˈxeđĭa]
Vorverkauf	**venta anticipada, la** [ˈbenta antiθiˈpađa]

Wellness

Hat Ihr Hotel einen Fitnessraum?
¿Tiene su hotel un gimnasio? [ˈtĭene su oˈtɛl un ximˈnasĭo]
... eine Sauna? **... una sauna?** [ˈuna ˈsaŭna]
... ein Schwimmbad? **... una piscina?** [ˈuna pisˈθina]
... einen Wellnessbereich?
... una zona de wellness? [ˈuna θona đe ŭelˈnes]

Haben Sie einen Masseur im Haus?
¿Hay masajista en en este establecimiento?
[ai masaˈxista en ˈeste estableθiˈmĭento]

Kann ich mir ein Saunahandtuch ausleihen?
¿Pueden prestarme una toalla para la sauna?
[ˈpŭeđem presˈtarme ˈuna toˈaʎa ˈpara la ˈsaŭna]

Ich möchte eine Schönheitsbehandlung machen lassen.
Quisiera un tratamiento de belleza.
[kiˈsĭera un trataˈmĭento đe beˈʎeθa]

Ich hätte gerne eine Gesichtsbehandlung mit anschließender Gesichtsmassage.
Deseo un tratamiento y un masaje facial.
[de'seo un trata'mĭento y un ma'saxe fa'θial]

Können Sie mir bitte die Augenbrauen zupfen?
¿Pueden depilarme las cejas?
['pŭeđen depi'larme las 'θεxas]

Vokabeln

Dampfbad	**baño de vapor, el** ['baɲo đe ƀa'pɔr]
Fango	**fango, el** ['faŋgo]
Fußreflexzonen-massage	**masaje de reflexología, el** [ma'saxe đe rrεfleksɔlo'xia]
Gesicht	**cara, la** ['kara]
Haut	**piel, la** ['pĭεl]
empfindliche	**piel sensible, la** ['pĭεl sen'siƀle]
fettige	**piel grasienta, la** ['pĭεl gra'sienta]
normale	**piel normal, la** ['pĭεl nɔr'mal]
trockene	**piel seca, la** ['pĭεl 'seka]
Maniküre	**manicura, la** [mani'kura]
Maske	**mascarilla, la** [maska'riʎa]
Massage	**masaje, el** [ma'saxe]
Moorbad	**baño de fango, el** ['baɲo đe 'faŋgo]
Pediküre	**pedicura, la** [peđi'kura]
Peeling	**peeling, el** ['piliŋ]
Sauna	**sauna, la** ['saŭna]
Solarium	**solarium, el** [so'larĭum]
Thermalbad	**baño termal, el** ['baɲo tεr'mal]
Whirlpool	**jacuzzi, el** [ja'kutsi]

Kino

Wo ist das Kino? ¿Dónde está el cine? [ˈdɔnde esˈta ɛl ˈθine]

Welcher Film kommt im Kino?
¿Qué películas están poniendo en el cine?
[ke peˈlikulas esˈtan pɔnĭendɔ en ɛl ˈθine]

Wie heißt der Film auf Deutsch?
¿Cómo se llama la película en alemán?
[ˈkomo se ˈʎama la peˈlikula en aleˈman]

Ist das der Film mit dem Schauspieler/ der Schauspielerin ...?
¿Es la película con el actor/la actriz ...?
[ez la peˈlikula kɔn ɛl akˈtɔr/la akˈtriθ]

Um was geht es in dem Film?
¿De qué trata la película? [de ke ˈtrata la peˈlikula]

Ich hätte gerne ... Karten für die Vorstellung um ... Uhr.
Quisiera ... entradas para la sesión de las ...
[kiˈsĭera ... enˈtrađas ˈpara la sesˈĭɔn đe las]

Wann beginnt der Film?
¿Cuándo empieza la película?
[ˈkŭando emˈpĭeθa la peˈlikula]

In welcher Sprache ist der Film?
¿En qué idioma ponen la película?
[eŋ ke iˈdĭoma ˈpɔnen la peˈlikula]

Hat der Film (deutsche/englische) Untertitel?
¿Tiene la película subtítulos (en alemán/en inglés)?
[ˈtĭene la peˈlikula sŭbˈtitulɔs en aleˈman/en iŋˈgles]

Hat der Film bereits angefangen?
¿Ha empezado ya la película? [a empeˈθađo ja la peˈlikula]

Vokabeln

Hauptfilm	**película principal, la** [pe'likula prinθi'pal]
Kinokarte	**entrada, la** [en'trađa]
Kinoprogramm	**programa de cine, el** [pro'grama đe 'θine]
Komödie	**comedia, la** [ko'međĭa]
Krimi	**película policíaca, la** [pe'likula poli'θiaka]
Kunstfilm	**película de arte, la** [pe'likula đe 'arte]
Liebesfilm	**película de amor, la** [pe'likula đe a'mɔr]
Originalversion	**versión original, la** [ber'sĭɔn orixi'nal]
Popcorn	**palomitas, las** [palo'mitas]
Thriller	**película de suspense, la** [pe'likula đe sus'pense]
Untertitel	**subtítulos, los** [sŭb'titulɔs]
Vorfilm	**cortometraje, el** [kɔrtɔme'traxe]

Nachtleben

Wo kann man hier nachts etwas erleben?
¿Por dónde se puede salir aquí de noche?
[pɔr 'dɔnde se 'pŭeđe sa'lir a'ki đe 'notʃe]

Gibt es hier in der Nähe eine nette Kneipe?
¿Hay aquí cerca algún bar agradable?
[aĭ a'ki 'θɛrka al'gum bar agra'đaƀle]

Wo kann man hier zum Tanzen gehen?
¿Dónde se puede ir a bailar por aquí?
[ˈdɔnde se ˈpŭeđe ir a ƀaiˈlar pɔr aˈki]

Wo ist hier eine gute Diskothek?
¿Dónde hay una buena discoteca por aquí?
[ˈdɔnde aĭ ˈuna ˈƀŭena điskoˈteka pɔr aˈki]

Welche Musik wird dort gespielt?
¿Qué música suelen poner?
[ke ˈmusika ˈsŭelen poˈner]

Können da auch Ältere hingehen?
¿Pueden asistir también personas mayores?
[ˈpŭeđen asisˈtir tamˈƀĭen pɛrˈsonas maˈʎores]

Haben Sie eine Getränkekarte?
¿Tiene una carta de bebidas?
[ˈtĭene ˈuna ˈkarta đe ƀeˈƀiđas]

Vokabeln

ausgehen	**salir** [saˈlir]
Bar	**bar, el** [bar]
Club	**club, el** [clŭb]
Cocktail	**cóctel, el** [ˈkɔktɛl]
Diskothek	**discoteca, la** [diskoˈteka]
laut	**ruidoso** [rrŭiˈđoso]
Livemusik	**música en vivo, la** [ˈmusika em ˈbiƀo]
Spielcasino	**casino, el** [kaˈsino]
tanzen	**bailar** [baĭˈlar]
Theke	**barra, la** [ˈbarra]
trinken	**beber** [beˈƀɛr]

Bank und Post

Können Sie mir bitte sagen, wo die nächste Bank/ Post ist?
¿Puede decirme dónde está el banco/la oficina de correos más cercano/a?
[ˈpŭeđe đeˈθirme ˈđɔnde esˈta ɛl ˈƀaŋko/la ofiˈθina đekɔˈrrɛɔs mas θɛrˈkano/a]

Um wie viel Uhr öffnet/schließt die Bank/Post?
¿A qué hora abre/cierra el banco/correos?
[a ke ˈora ˈaƀre/ˈθĭɛrra ɛl ˈƀaŋko/kɔˈrrɛɔs]

Ich möchte diesen Reisescheck einlösen.
Quisiera liquidar este cheque de viaje.
[kiˈsĭera likiˈdar ˈeste ˈtʃeke đe ˈƀĭaxe]

Wo kann ich Geld wechseln?
¿Dónde puedo liquidar dinero?
[ˈdɔnde ˈpŭeđo likiˈđar diˈnero]

Wie ist der Wechselkurs?
¿A cuánto está el cambio? [a ˈkŭanto esˈta ɛl ˈkambĭo]

Ich möchte diesen Euroscheck einlösen.
Quisiera cambiar este eurocheque.
[kiˈsĭera kamˈbĭar ˈeste/eŭroˈtʃeke]

Welche Gebühren fallen an?
¿Qué tarifa corresponde? [ke taˈrifa kɔrrɛsˈponde]

Darf ich bitte Ihren Ausweis sehen?
¿Podría ver su carnet de identidad?
[poˈđria ƀɛr su karˈne đe iđentiˈđađ]

Würden Sie bitte hier unterschreiben?
¿Podría firmar aquí? [poˈđria firˈmar aˈki]

Was kostet ein Brief nach Deutschland/Österreich?
¿Cuánto cuesta enviar una carta para Alemania/Austria?
[ˈkŭanto ˈkŭesta emˈbĭar ˈuna ˈkarta ˈpara aleˈmanĭa/ ˈaŭstrĭa]

Was kostet eine Postkarte in die Schweiz?
¿Cuánto cuesta una tarjeta postal para Suiza?
[ˈkŭanto ˈkŭesta emˈbĭar ˈuna tarˈxeta pɔsˈtal ˈpara ˈsŭiθa]

Ich brauche ... Briefmarken.
Necesito ... sellos. [neθeˈsito ... ˈseʎos]

Ich möchte ein Paket/ein Telegramm aufgeben.
Quisiera mandar un paquete/telegrama.
[kiˈsĭera manˈdar um paˈkete/teleˈgrama]

Ich möchte Geld von meinem Postsparbuch abheben.
Quisiera sacar dinero de mi libreta de ahorros.
[kiˈsĭera saˈkar diˈnero đe mi liˈƀreta đe aˈɔrrɔs]

Vokabeln

abheben	sacar/retirar [saˈkar/rrɛtiˈrar]
Adresse	dirección, la [dirɛgˈθĭɔn]
auszahlen	pagar [paˈgar]
Brief	carta, la [ˈkarta]
Briefmarke	sello, el [ˈseʎo]
EC-Karte	tarjeta EC, la [tarˈxeta eˈθe]
Einschreiben	carta certificada, la [ˈkarta θɛrtifiˈkađa]
Empfänger	destinatario, el [destinaˈtarĭo]
Formular	formulario, el [fɔrmuˈlarĭo]
Gebühr	tasa, la [ˈtasa]
Geheimzahl	número secreto, el [ˈnumero seˈkreto]

Geldautomat	**cajero automático, el** [kaˈxero aŭtoˈmatiko]
Gewicht	**peso, el** [ˈpeso]
Konto	**cuenta, la** [ˈkŭenta]
Kreditkarte	**tarjeta de crédito, la** [tarˈxeta đe ˈkređito]
Luftpost	**correo aéreo, el** [kɔˈrrɛo aˈereo]
Münze	**moneda, la** [moˈneđa]
Päckchen	**paquetito, el** [pakeˈtito]
Paket	**paquete, el** [paˈkete]
Porto	**franqueo, el** [fraŋˈkeo]
Postkarte	**postal, la** [pɔsˈtal]
Postleitzahl	**código postal, el** [ˈkođigo pɔsˈtal]
Postsparbuch	**libreta de ahorros, la** [liˈƀreta đe aˈɔrrɔs]
Quittung	**recibo, el** [rrɛˈθiƀo]
Reisescheck	**cheque de viaje, el** [ˈtʃeke đe ˈbĭaxe]
Scheck	**cheque, el** [ˈtʃeke]
Scheckkarte	**tarjeta bancaria, la** [tarˈxeta ƀaŋˈkarĭa]
schicken	**mandar** [manˈdar]
schwer	**pesado** [peˈsađo]
Telegramm	**telegrama, el** [teleˈgrama]
Überweisung	**transferencia, la** [transfeˈrenθĭa]
Umrechnungs-tabelle	**tabla de conversión, la** [ˈtaƀla đe kɔmbɛrˈsĭɔn]
umtauschen	**cambiar** [kamˈbĭar]
Unterschrift	**firma, la** [ˈfirma]
Währung	**moneda, la** [moˈneđa]
Wechselkurs	**cambio, el** [ˈkambĭo]

Einkaufen

Allgemein

Wo kann ich ... kaufen?
¿Dónde puedo comprar ...? [ˈdɔnde ˈpŭeđo kɔmˈprar]

Wann öffnen/schließen die Geschäfte?
¿Cuándo abren/cierran las tiendas?
[ˈkŭando ˈaƀren/ˈθĭɛrran las tĭendas]

Kann ich Ihnen helfen?
¿Puedo ayudarle? [ˈpŭeđo ajuˈđarle]

Danke, ich möchte mich nur umsehen.
Gracias. Solamente quería mirar un poco.
[ˈgraθĭas solaˈmente keˈria miˈrar um ˈpoko]

Wie viel kostet das? **¿Cuánto cuesta?** [ˈkŭanto ˈkŭesta]

Können Sie mir das billiger machen?
¿Puede rebajarlo un poco? [ˈpŭeđe rrɛƀaˈxarlo um ˈpoko]

Das ist mir zu teuer.
Es demasiado caro. [ez đemaˈsĭađo ˈkaro]

Das nehme ich. **Me lo quedo.** [me lo ˈkeđo]

Kann ich mit meiner Kreditkarte bezahlen?
¿Puedo pagar con tarjeta de crédito?
[ˈpŭeđo paˈgar kɔn tarˈxeta đe ˈkređito]

Ich brauche einen Beleg/eine Quittung.
Necesito un comprobante/un recibo.
[neθeˈsito ˈun kɔmproˈƀante/un rrɛˈθiƀo]

Darf es noch etwas sein?
¿Desea algo más? [deˈsea ˈalgo mas]

Danke, das ist alles.
Gracias, eso es todo. [ˈgraθĭas ˈeso es ˈtođo]

Können Sie mir bitte eine Tüte geben?
¿Puede darme una bolsa? [ˈpŭeđe ˈđarme ˈuna ˈbɔlsa]

Bitte packen Sie es als Geschenk ein!
Envuélvalo para regalo, por favor.
[emˈbŭɛlƀalo ˈpara rrɛˈgalo pɔr faˈƀɔr]

Ich möchte das hier reklamieren/umtauschen.
Quisiera reclamar/cambiar esto.
[kiˈsĭera rrɛklaˈmar/kamˈbĭar ˈesto]

Entschuldigung, aber ich habe nicht genug Geld dabei.
Perdón, pero no llevo dinero suficiente.
[pɛrˈdɔn ˈpero no ˈʎebo diˈnero sufiˈθĭente]

Ich glaube, Sie haben mir falsch herausgegeben.
Creo que se ha equivocado con el cambio.
[ˈkreo ke se a ekiƀoˈkađo kɔn ɛl ˈkambĭo]

Vokabeln

Antiquitätengeschäft	**tienda de antigüedades, la** [ˈtĭenda đe antigŭeˈđađes]
Apotheke	**farmacia, la** [farˈmaθĭa]
Ausverkauf	**liquidación, la** [likidaˈθĭɔn]
Bäckerei	**panadería, la** [panađeˈria]
Barzahlung	**pago al contado, el** [ˈpago al kɔnˈtađo]
Blumenladen	**floristería, la** [floristeˈria]
Buchhandlung	**librería, la** [liƀreˈria]
Damenabteilung	**sección de señoras, la** [sɛgˈθĭɔn de seˈɲoras]
Drogerie	**droguería, la** [drogeˈria]

einpacken	**empaquetar** [ˈempakeˈtar]
Elektrohandlung	**tienda de electrodomésticos, la** [ˈtĭenda đe elektrodoˈmestikɔs]
Feinkostladen	**tienda de ultramarinos, la** [ˈtĭenda đe ultramaˈrinɔs]
Flohmarkt	**rastro, el** [ˈrastro]
Fotoladen	**tienda de fotografía, la** [ˈtĭenda đe fotograˈfia]
Friseur	**peluquero, el** [peluˈkero]
Geld	**dinero, el** [diˈnero]
Gemüseladen	**tienda de verdura, la** [ˈtĭenda đe ƀɛrˈdura]
Geschäft	**tienda, la** [ˈtĭenda]
Geschenk	**regalo, el** [rrɛˈgalo]
handgemacht	**hecho a mano** [ˈetʃo a ˈmano]
herausgeben	**publicar** [publiˈkar]
Herrenabteilung	**sección de caballeros, la** [sɛgˈθĭɔn de kaƀaʎerɔs]
Juwelier	**joyería, la** [xojeˈria]
Kassenzettel	**bono de caja, el** [ˈbono đe ˈkaxa]
kaufen	**comprar** [kɔmˈprar]
Kaufhaus	**almacén, el** [almaˈθen]
Kinderabteilung	**seccion de niños, la** [sɛgˈθĭɔn de ˈniɲɔs]
Kreditkarte	**tarjeta de credito, la** [tarˈxeta đe ˈkređito]
Lebensmittel-geschäft	**tienda de comestibles, la** [ˈtĭenda đe komesˈtiƀles]
Mehrwertsteuer	**impuesto sobre el valor añadido, el** [imˈpŭesto ˈsoƀre ɛl ƀaˈlɔr aɲaˈđiđo]
Metzgerei	**carnicería, la** [karniθeˈria]

Musikgeschäft	**tienda de música, la** [ˈtĭenda đe ˈmusika]
Öffnungszeiten	**horario, el** [oˈrario]
Optiker	**óptico, el** [ˈoptiko]
Preis	**precio, el** [ˈpreθĭo]
Quittung	**recibo, el** [rrɛˈθiƀo]
Rabatt	**descuento, el** [desˈkŭento]
Reformhaus	**tienda de productos dietéticos y biológicos, la** [ˈtĭenda đe proˈduktɔs dĭeˈtetikɔs i bĭoˈloxikɔs]
Reinigung	**tintorería, la** [tintoreˈria]
Schaufenster	**escaparate, el** [eskapaˈrate]
Schreibblock	**bloque de notas, el** [ˈbloke đe ˈnotas]
Schreibwaren-laden	**papelería, la** [papeleˈria]
Schuhgeschäft	**zapatería, la** [θapateˈria]
Selbstbedienung	**autoservicio, el** [aŭtosɛrˈƀiθĭo]
Sonderangebot	**oferta especial, la** [oˈfɛrta espeˈθĭal]
Souvenir	**recuerdo, el** [rrɛˈkŭɛrđo]
Spielwaren-geschäft	**juguetería, la** [xugeteˈria]
Sportgeschäft	**tienda de deportes, la** [ˈtĭenda đe deˈpɔrtes]
Stück	**pieza, la** [ˈpĭeθa]
Supermarkt	**supermercado, el** [supɛrmɛrˈkađo]
Tabakwaren	**tabacos, los** [taˈƀakɔs]
Tüte	**bolsa, la** [ˈbɔlsa]
umtauschen	**cambiar** [kamˈbĭar]
weniger	**menos** [ˈmenos]
Zeitung	**periódico, el** [peˈrĭođiko]

Kleidung

Ich würde dies gerne anprobieren.
Quisiera probarme esto. [kiˈsĭera proˈƀarme ˈesto]

Ich trage die Größe ... **Tengo la talla ...** [ˈteŋgo la ˈtaʎa]

Können Sie mir das bis morgen zurücklegen?
¿Puede reservármelo hasta mañana ?
[ˈpŭeđe rreserˈƀarmelo ˈasta maˈɲana]

Das passt mir nicht.
No me sienta bien. [no me ˈsĭenta ˈƀĭen]

Es ist zu klein/zu groß/zu weit/zu eng.
Es demasiado pequeño/grande/ancho/justo.
[ez đemaˈsĭađo peˈkeɲo/ˈgrande/ˈantʃo/ˈxusto]

Aus welchem Material/Stoff ist das?
¿De qué material es? [de ke mateˈrĭal es]

Haben Sie das auch in einer anderen Farbe?
¿Lo tiene en otro color? [lo ˈtĭene en ˈotro koˈlɔr]

Vokabeln

Abendkleid	**vestido de gala, el** [besˈtiđo đe ˈgala]
Anorak	**anorak, el** [anoˈrak]
anprobieren	**probarse** [proˈƀarse]
Anzug	**traje, el** [ˈtraxe]
Badeanzug	**traje de baño, el** [ˈtraxe đe ˈbaɲo]
Badehose	**bañador, el** [baɲaˈdɔr]
Bademantel	**albornoz, el** [alƀɔrˈnɔθ]
Büstenhalter	**sujetador, el** [suxetaˈđɔr]
Bikini	**biquini, el** [biˈkini]

Blazer	**blazer, el** [ˈblaθɛr]
Bluse	**blusa, la** [ˈblusa]
Gürtel	**cinturón, el** [θintuˈrɔn]
Handschuhe	**guantes, los** [ˈgŭantes]
Hemd	**camisa, la** [kaˈmisa]
Hose	**pantalón, el** [pantaˈlɔn]
Hut	**sombrero, el** [somˈbrero]
Jacke	**chaqueta, la** [tʃaˈketa]
Jackett	**americana, la** [ameriˈkana]
Jeans	**tejanos, los** [teˈxanɔs]
Kleid	**vestido, el** [besˈtiđo]
Kostüm	**traje, el** [ˈtraxe]
Mantel	**abrigo, el** [aˈƀrigo]
Mütze	**gorra, la** [ˈgɔrra]
Nachthemd	**camisón, el** [kamiˈsɔn]
Pullover	**jersey, el** [xɛrˈsɛĭ]
Regenjacke	**impermeable, el** [impɛrmeˈaƀle]
Regenschirm	**paraguas, el** [paˈragŭas]
Rock	**falda, la** [ˈfalda]
Schlafanzug	**pijama, el** [piˈxama]
Shorts	**pantalones cortos, los** [pantaˈlones ˈkɔrtɔs]
Socken	**calcetines, los** [kalθeˈtines]
Sonnenhut	**sombrero para el sol, el** [somˈbrero ˈpara ɛl sɔl]
Strickjacke	**chaqueta de punto, la** [tʃaˈketa đe ˈpunto]
Strümpfe	**medias, la** [ˈmeđĭas]
Strumpfhose	**leotardos, los** [leoˈtarđɔs]
T-Shirt	**camiseta, la** [kamiˈseta]
Unterhose	**calzoncillos, los** [calθɔnˈθiʎos]
Unterwäsche	**ropa interior, la** [ˈrrɔpa inteˈrĭɔr]
Weste	**chaleco, el** [tʃaˈleko]

Schuhe

Ich trage die Schuhgröße ...
Tengo el número de zapato ...
[ˈteŋgo ɛl ˈnumero đe θaˈpato]

Die Schuhe sind mir zu klein/zu groß.
Los zapatos me quedan demasiado pequeños/grandes.
[lɔs θaˈpatɔs me ˈkɛdan demaˈsĭađo peˈkeɲɔs/ˈgrandes]

Sind diese Schuhe aus echtem Leder?
¿Son estos zapatos de cuero auténtico?
[sɔn ˈestos θaˈpatɔz đe ˈkŭero aŭˈtentiko]

Wo kann ich meine Schuhe reparieren lassen?
¿A dónde puedo llevar a reparar mis zapatos?
[a ˈdɔnde ˈpŭeđo ʎeˈƀar a rrɛpaˈrar mis θaˈpatɔs]

Vokabeln

Absatz	**tacón, el** [taˈkɔn]
Badeschuhe	**chanclas de baño, las** [ˈtʃaŋklas đe baˈɲo]
Bergstiefel	**botas de montaña, las** [ˈbotaz đe mɔnˈtaɲa]
Einlegesohlen	**plantillas, las** [planˈtiʎas]
Gummistiefel	**botas de goma, las** [ˈbotaz đe ˈgoma]
Halbschuhe	**zapatos, los** [θaˈpatɔs]
Hausschuhe	**zapatillas, las** [θapaˈtiʎas]
Kinderschuhe	**zapatos de niño, los** [θaˈpatɔz đe ˈniɲo]
knöchelhoch	**que llega al tobillo** [ke ˈʎega al toˈbiʎo]

Pumps	**zapatos de tacón, los** [θaˈpatɔz đe taˈkɔn]
Sandalen	**sandalias, las** [sanˈdalĭas]
Schnürsenkel	**cordones, los** [kɔrˈđones]
Schuhbürste	**cepillo para los zapatos, el** [θeˈpiʎo ˈpara lɔs θaˈpatos]
Schuhcreme	**betún, el** [beˈtun]
Schuhe	**zapatos, los** [θaˈpatɔs]
Schuhgröße	**número de calzado, el** [ˈnumero đe kalˈθađo]
Stiefel	**botas, las** [ˈbotas]
Turnschuhe	**zapatillas de deporte, las** [θapaˈtiʎas đe đeˈpɔrte]
Wanderschuhe	**botas de senderismo, las** [ˈbotaz đe sendeˈrizmo]
Winterstiefel	**botas de invierno, las** [ˈbotaz đe imˈbĭɛrno]

Uhren und Schmuck

Ich brauche eine neue Batterie für meine Uhr.
Necesito una pila nueva para mi reloj.
[neθeˈsito ˈuna ˈpila ˈnŭeƀa ˈpara mi rrɛˈlɔx]

Bitte setzen Sie die Batterie gleich ein!
Por favor póngame la pila ahora mismo.
[pɔr faˈƀɔr ˈpongame la ˈpila aˈora mizmo]

Ich hätte gerne ein nettes Andenken.
Quisiera un recuerdo bonito.
[kiˈsĭera un rrɛˈkŭɛrđo boˈnito]

Ist das aus echtem Gold/Silber?
¿Es de oro auténtico/plata auténtica?
[ez dɛ ˈoro aŭˈtentiko/ˈplata aŭˈtentika]

Vokabeln

Anhänger	**colgante, el** [kɔlˈgante]
Armband	**pulsera, la** [pulˈsera]
Armreif	**brazalete, el** [braθaˈlete]
Batterie	**pila, la** [ˈpila]
Bernstein	**ámbar, el** [ˈambar]
Brillant	**brillante** [briˈʎante]
Brosche	**broche, el** [ˈbrotʃe]
Clips	**clips, los** [clips]
Diamant	**diamante, el** [dĭaˈmante]
echt	**auténtico** [aŭˈtentiko]
Gold	**oro, el** [ˈoro]
Karat	**quilate, el** [kiˈlate]
Kette	**cadena, la** [kaˈđena]
Kristall	**cristal, el** [krisˈtal]
Modeschmuck	**bisutería, la** [bisuteˈria]
Nickel	**níquel, el** [ˈnikɛl]
Ohrringe	**pendientes, los** [pendiˈentes]
Perlen	**perlas, la** [ˈpɛrlas]
Platin	**platino, el** [plaˈtino]
reparieren	**reparar** [rrɛpaˈrar]
Ring	**anillo, el** [aˈniʎo]
Rubin	**rubí, el** [rruˈƀi]
Saphir	**zafiro, el** [θaˈfiro]
Silber	**plata, la** [ˈplata]
Smaragd	**esmeralda, la** [ezmeˈralda]
Uhr	**reloj, el** [rrɛˈlɔx]
Uhrenarmband	**correa de reloj, la** [kɔˈrrea đe rrɛˈlɔx]
vergoldet	**dorado** [doˈrađo]
versilbert	**plateado** [plateˈađo]
Weißgold	**oro blanco, el** [ˈoro ˈblaŋko]

Fotoausrüstung

Ich brauche einen Film mit 24/36 Aufnahmen für diesen Fotoapparat.
Necesito un carrete de ... fotos para esta cámara.
[neθeˈsito uŋ kaˈrrɛte đe …ˈfotɔs ˈpara ˈesta ˈkamara]

Können Sie mir den Film einlegen?
¿Puede ponerme el carrete? [ˈpŭeđe poˈnɛrme ɛl kaˈrrɛte]

Ich möchte diesen Film entwickeln lassen.
Quisiera revelar este carrete.
[kiˈsĭera rrɛƀeˈlar ˈeste kaˈrrɛte]

Wann kann ich die Bilder abholen?
¿Cuándo puedo recoger las fotos?
[ˈkŭando ˈpŭeđo rrɛkɔˈxɛr las ˈfotɔs]

Meine Kamera funktioniert nicht. Können Sie sie reparieren?
Mi cámara no funciona bien. ¿Puede arreglarla?
[mi ˈkamara no funˈθĭona ˈƀĭen ˈpŭeđe arrɛˈglarla]

Der Sucher/Auslöser/Blitz ist kaputt.
El visor/disparador/flash está roto.
[ɛl ƀiˈsɔr/disparaˈđɔr/flaʃ esˈta ˈrrɔto]

Der Film wird nicht weitertransportiert.
El carrete no pasa. [ɛl kaˈrrɛte no ˈpasa]

Vokabeln

Abzug	**copia, la** [ˈkopĭa]
APS-Film	**carrete APS, el** [kaˈrrɛte apeˈese]
Auslöser	**disparador, el** [disparaˈđɔr]

Bild	**foto, la** [ˈfoto]
Blitz	**flash, el** [flaʃ]
Dia-Film	**carrete de diapositivas, el** [kaˈrrɛte đe dĭaposiˈtiƀas]
Digitalkamera	**cámara digital, la** [ˈkamara dixiˈtal]
Empfindlichkeit	**sensibilidad, la** [sensiƀiliˈđađ]
Farbfilm	**carrete a color, el** [kaˈrrɛte a koˈlɔr]
Film	**carrete, el** [kaˈrrɛte]
Filter	**filtro, el** [ˈfiltro]
Format	**formato, el** [fɔrˈmato]
Fotoapparat	**cámara fotográfica, la** [ˈkamara fotoˈgrafika]
Kamera	**cámara, la** [ˈkamara]
Linse	**lente, la** [ˈlente]
Negativ	**negativo, el** [negaˈtiƀo]
Objektiv	**objetivo, el** [ɔbxeˈtiƀo]
Polaroid-Kamera	**cámara polaroid, la** [ˈkamara polaˈrɔĭd]
Schwarzweiß-film	**carrete en blanco y negro, el** [kaˈrrɛte en ˈblaŋko i ˈnegro]
Selbstauslöser	**disparador automático, el** [disparaˈđɔr aŭtoˈmatiko]
Spiegelreflex-kamera	**cámara reflex, la** [ˈkamara ˈrrɛflɛgs]
Sucher	**visor, el** [biˈsɔr]
Teleobjektiv	**teleobjetivo, el** [teleoƀxeˈtiƀo]
UV-Filter	**filtro ultravioleta, el** [ˈfiltro ultraƀĭoˈleta]
vergrößern	**agrandar** [agranˈdar]
Videokamera	**cámara de vídeo, la** [ˈkamara đe ˈƀiđeo]

Optiker

Mein Brillenglas ist herausgebrochen.
Se ha roto el cristal de mis gafas.
[se a ˈrrɔto ɛl krisˈtal de miz ˈgafas]

Können Sie meine Brille richten?
¿Puede arreglar mis gafas? [ˈpŭeđe arrɛˈglar mis ˈgafas]

Können Sie mir eine Ersatzbrille machen?
¿Puede hacerme unas gafas de recambio?
[ˈpŭeđe aˈθɛrme ˈunas ˈgafaz đe rrɛˈkambĭo]

Ich habe eine Kontaktlinse verloren.
He perdido una lentilla. [e pɛrˈđiđo ˈuna lenˈtiʎa]

Ich bin kurzsichtig/weitsichtig.
Soy miope/hipermétrope. [sɔĭ miˈope/ipɛrˈmetrope]

Ich habe ... Dioptrien rechts/links.
Tengo ... dioptrías en el ojo derecho/izquierdo.
[ˈteŋgo … dĭopˈtrias en ɛl ˈoxo deˈretʃo/iθˈkĭɛrđo]

Ich brauche eine Reinigungsflüssigkeit für Kontaktlinsen.
Necesito líquido limpiador para lentillas.
[neθeˈsito ˈlikiđo limpĭaˈđɔr ˈpara lenˈtiʎaz]

Vokabeln

Aufbewahrungsflüssigkeit	**líquido de conservación, el** [ˈlikiđo đe kɔnsɛrƀaˈθĭɔn]
Auge	**ojo, el** [ˈoxo]
Brille	**gafas, las** [ˈgafas]
Brillengestell	**montura, la** [mɔnˈtura]
Brillenglas	**cristal, el** [krisˈtal]

Bügel	**patilla, la** [pa'tiʎa]
Dioptrien	**dioptrías, las** [dĭop'trias]
hart	**duro** ['duro]
Kochsalzlösung	**solución salina, la** [solu'θĭɔn sa'lina]
Kontaktlinse	**lentilla, la** [len'tiʎa]
Kontaktlinsen-behälter	**recipiente para lentillas, el** [rrɛθi'pĭente 'para len'tiʎas]
kurzsichtig	**miope** ['mĭope]
Lesebrille	**gafas de lectura, las** ['gafaz đe lɛk'tura]
Reinigungs-flüssigkeit	**líquido limpiador, el** ['likiđo limpĭa'đɔr]
Sonnenbrille	**gafas de sol, las** ['gafaz đe sɔl]
weich	**blando** ['blando]
weitsichtig	**hipermétrope** [ipɛr'metrope]

Körperpflege

Wo ist die nächste Drogerie?
¿Dónde está la droguería más cercana?
['dɔnde es'ta la đroge'ria mas θɛr'kana]

Wo kann ich Kosmetikartikel kaufen?
¿Dónde puedo comprar artículos de cosmética?
['dɔnde 'pŭeđo kɔm'prar ar'tikulɔz đe kɔs'metika]

Wo kann ich Duschgel/Shampoo kaufen?
¿Dónde puedo comprar gel de ducha/champú?
['dɔnde 'pŭeđo kɔm'prar xel de 'dutʃa/tʃam'pu]

Ich brauche eine Creme gegen meine trockene Haut.
Necesito una crema para piel seca.
[neθe'sito 'una 'krema 'para 'pĭɛl 'seka]

Kann ich das auch bei empfindlicher Haut nehmen?
¿También puedo usarlo teniendo piel sensible?
[tamˈbĭen ˈpŭeđo uˈsarlo teˈnĭendo ˈpĭɛl senˈsiƀle]

Ich möchte mir die Haare schneiden lassen.
Quisiera cortarme el pelo. [kiˈsĭera kɔrˈtarme ɛl ˈpelo]

Schneiden Sie nur die Spitzen!
Córteme sólo las puntas. [ˈkɔrteme ˈsolo las ˈpuntas]

Vokabeln

allergenfrei	**libre de alergenos** [liƀre đe alɛrˈxenɔs]
Après-sun-Creme	**crema para después del sol, la** [ˈkrema ˈpara desˈpŭez đɛl sɔl]
Augenbrauenstift	**lápiz de cejas, el** [ˈlapiθ đe ˈθɛxas]
Bürste	**cepillo, el** [θeˈpilio]
Damenbinden	**compresa higiénica, la** [kɔmˈpresa ixˈĭenika]
Dauerwelle	**permanente, la** [pɛrmaˈnente]
Deo	**desodorante, el** [desodoˈrante]
Duschgel	**gel de ducha, el** [xel de ˈdutʃa]
Enthaarungscreme	**crema de depilación, la** [ˈkrema đe depilaˈθĭɔn]
färben	**teñir** [teˈɲir]
Friseur	**peluquero, el** [peluˈkero]
Gesichtscreme	**crema para la cara, la** [ˈkrema ˈpara la ˈkara]
Haargel	**gel de cabello, el** [xel de kaˈbeʎo]
Haarkur	**cura para el cabello, la** [ˈkura ˈpara ɛl kaˈbeʎo]
Haarspange	**pasador para el pelo** [pasaˈđɔr ˈpara ɛl ˈpelo]

Haarspray	**laca, la** [ˈlaka]
Haarwachs	**cera para el pelo, la** [ˈθera ˈpara ɛl ˈpelo]
Haarwaschmittel	**champú, el** [tʃamˈpu]
Handcreme	**crema de manos, la** [ˈkrema đe ˈmanɔs]
Insektenschutz	**protección contra insectos, la** [protɛgˈθĭɔn ˈkɔntra inˈsɛktɔs]
Kamm	**peine, el** [ˈpeĭne]
Kondom	**preservativo, el** [presɛrƀaˈtiƀo]
Körperlotion	**loción de cuerpo, la** [loˈθĭɔn de ˈkŭɛrpo]
Lichtschutzfaktor	**factor de protección solar, el** [fakˈtɔr đe protɛgˈθĭɔn soˈlar]
Lidschatten	**sombra de ojos, la** [ˈsɔmbra đe ˈoxɔs]
Lippenbalsam	**bálsamo de labios, el** [ˈbalsamo đe ˈlaƀĭɔs]
Lippenstift	**barra de labios, la** [ˈbarra đe ˈlaƀĭɔs]
Make-up-Entferner	**desmaquillador, el** [dɛsmakiʎaˈdor]
Maniküre	**manicura, la** [maniˈkura]
mild	**suave** [ˈsŭaƀe]
Mückenschutz	**protección contra los mosquitos, la** [protɛgθĭɔn ˈkɔntra lɔz mɔsˈkitɔs]
Nachtcreme	**crema de noche, la** [ˈkrema đe ˈnotʃe]
Nagelfeile	**lima de uñas, la** [ˈlima de ˈuɲas]
Nagellack	**esmalte de uñas, el** [ezˈmalte đe ˈuɲas]
Nagellackentferner	**quitaesmalte, el** [kitaezˈmalte]
Nagelschere	**tijera de uñas, la** [tiˈxera đe ˈuɲas]

Parfüm	**perfume, el** [pɛrˈfume]
Pediküre	**pedicura, la** [peđiˈkura]
Pflaster	**tirita, la** [tiˈrita]
pH-neutral	**pH neutral** [peˈatʃe neŭˈtral]
Pinzette	**pinza, la** [ˈpinθa]
Puder	**polvo, el** [ˈpɔlƀo]
rasieren	**afeitarse** [afɛiˈtarse]
Rasierklinge	**cuchilla de afeitar, la** [kuˈtʃiʎa đe afɛiˈtar]
Rasierschaum	**espuma de afeitar, la** [esˈpuma đe afɛiˈtar]
Rasierwasser	**loción de afeitado, la** [loˈθĭɔn de afɛiˈtađo]
Schaumfestiger	**espuma fijadora, la** [esˈpuma fixaˈđɔra]
Seife	**jabón, el** [xaˈƀɔn]
Shampoo	**champú, el** [tʃamˈpu]
Slipeinlagen	**salvaslips, los** [salƀaˈslips]
Sonnencreme	**crema solar, la** [ˈkrema soˈlar]
Spiegel	**espejo, el** [esˈpɛxo]
Strähnchen	**mechas, las** [ˈmetʃas]
Tampon	**tampón, el** [tamˈpɔn]
Taschentücher	**pañuelos, los** [paˈɲuelɔs]
Toilettenpapier	**papel higiénico, el** [paˈpɛl iˈxĭeniko]
Watte	**algodón, el** [algoˈđɔn]
Wattestäbchen	**bastocillos, los** [bastonˈθiʎɔs]
Wimperntusche	**rímel, el** [ˈrrimɛl]
Zahnbürste	**cepillo de dientes, el** [θeˈpiʎo đe ˈđĭentes]
Zahnpasta	**pasta de dientes, la** [ˈpasta đe ˈđĭentes]
Zahnseide	**seda dental, la** [ˈseđa denˈtal]

Lebensmittel

Was darf es sein? **¿Qué le pongo?** [ke le ˈpoŋgo]

Haben Sie ...? **¿Tiene ...?** [ˈtĭene]

Ich hätte gerne ... Gramm/Kilo/Liter/Stück von ...
Quisiera ... gramos/kilos/litros/piezas de ...
[kiˈsĭera … ˈgramɔs/ˈkilɔs/ˈlitrɔs/ˈpĭeθaz đe]

Was ist das? **¿Qué es esto?** [ke es esˈto]

Darf ich das probieren?
¿Podría probarlo? [poˈđria proˈƀarlo]

Danke, das ist alles.
Gracias, eso es todo. [ˈgraθĭas ˈeso es ˈtođo]

Vokabeln

Ananas	**piña, la** [ˈpiɲa]
Apfel	**manzana, la** [manˈθana]
Apfelsaft	**zumo de manzana, el** [ˈθumo đe manˈθana]
Aprikose	**albaricoque, el** [alƀariˈkoke]
Artischocke	**alcachofa, la** [alkaˈtʃofa]
Aubergine	**berenjena, la** [berenˈxena]
Austern	**ostras, las** [ˈɔstras]
Avocado	**aguacate, el** [agŭaˈkate]
Babynahrung	**alimentos para bebés, los** [aliˈmentos ˈpara ƀeˈƀes]
Baguette	**barra de pan, la** [ˈbarra đe pan]
Balsamico-Essig	**balsámico, el** [balˈsamiko]
Banane	**plátano, el** [ˈplatano]
Bier	**cerveza, la** [θɛrˈƀeθa]

biologisch	**biológico** [bĭoˈlɔxiko]
Birne	**pera, la** [ˈpera]
Blumenkohl	**coliflor, la** [koliˈflɔr]
Bohnen	**judías, las** [xuˈđias]
Bonbons	**caramelos, los** [karaˈmelos]
Brokkoli	**brécol, el** [ˈbrekɔl]
Brötchen	**panecillo, el** [paneˈθiʎo]
Brot	**pan, el** [pan]
Brühwürfel	**pastilla de caldo, el** [pasˈtiʎa đe ˈkalđo]
Butter	**mantequilla, la** [manteˈkiʎa]
Champignons	**champiñones, los** [tʃampiˈɲones]
Chili	**chili, el** [ˈtʃili]
Cola	**coca-cola, la** [ˈkoka ˈkola]
Datteln	**dátiles, los** [ˈdatiles]
Dill	**eneldo, el** [eˈnelđo]
Eier	**huevos, los** [ˈŭeƀɔs]
Eis	**helado, el** [eˈlađo]
Erbsen	**guisantes, los** [giˈsantes]
Erdbeeren	**fresas, las** [ˈfresas]
Erdnüsse	**cacahuetes, los** [kakaˈŭetes]
Essig	**vinagre, el** [biˈnagre]
Feigen	**higos, los** [ˈigɔs]
Fenchel	**hinojo, el** [iˈnoxo]
Fisch	**pescado, el** [pesˈkađo]
Fleisch	**carne, la** [ˈkarne]
frisch	**fresco** [ˈfresko]
Garnelen	**gambas, las** [ˈgambas]
Gebäck	**repostería, la** [rreposteˈria]
Geflügel	**aves, las** [ˈaƀes]
Gemüse	**verdura, la** [bɛrˈđura]
Gewürze	**especias, las** [esˈpeθĭas]
Grapefruit	**pomelo, el** [poˈmelo]

Gurke	**pepino, el** [peˈpino]
Hackfleisch	**carne picada, la** [ˈkarne piˈkađa]
Hähnchen	**pollo, el** [ˈpoʎo]
Haferflocken	**copos de avena, los** [ˈkopos đe aˈƀena]
Himbeeren	**frambuesas, las** [framˈbŭesas]
Honig	**miel, la** [ˈmĭɛl]
Joghurt	**yogur, el** [joˈgur]
Käse	**queso, el** [ˈkeso]
Kaffee	**café, el** [kaˈfe]
Kakao	**cacao, el** [kaˈkao]
Kalbfleisch	**carne de ternera, la** [ˈkarne đe tɛrˈnera]
Kapern	**alcaparras, las** [alkaˈparras]
Karotten	**zanahorias, las** [ˈθanaˈorĭas]
Kartoffeln	**patatas, las** [paˈtatas]
Kartoffelchips	**patatas fritas, las** [paˈtatas ˈfritas]
Kekse	**galletas, las** [gaˈʎetas]
Kichererbsen	**garbanzos, los** [garˈƀanθɔs]
Kirschen	**cerezas, las** [θeˈreθas]
Kiwi	**kiwi, el** [ˈkiƀi]
Knoblauch	**ajo, el** [ˈaxo]
Kohl	**col, la** [kɔl]
Kokosnuss	**coco, el** [ˈkoko]
Konserven	**conservas, las** [kɔnˈsɛrƀas]
Konservierungsstoffe	**conservante, el** [kɔnsɛrˈƀante]
Kotelett	**chuleta, la** [tʃuˈleta]
Krabben	**camarón, el** [kamaˈrɔn]
Kräuter	**hierbas, las** [ˈjɛrƀas]
Kuchen	**pastel, el** [pasˈtɛl]
Lammfleisch	**carne de cordero, la** [ˈkarne đe kɔrˈđero]

Lauch	**puerro, el** [ˈpŭɛrro]
Limonade	**limonada, la** [limoˈnađa]
Linsen	**lentejas, las** [lenˈtexas]
Mais	**maíz, el** [maˈiθ]
Mandarine	**mandarina, la** [mandaˈrina]
Margarine	**margarina, la** [margaˈrina]
Marmelade	**mermelada, la** [mɛrmeˈlađa]
Mayonnaise	**mayonesa, la** [majoˈnesa]
Mehl	**harina, la** [aˈrina]
Melone	**melón, el** [meˈlɔn]
Milch	**leche, la** [ˈletʃe]
Mineralwasser	**agua mineral, el** [ˈagŭa mineˈral]
Müsli	**muesli, el** [ˈmŭesli]
Muscheln	**mejillones, los** [mexiˈʎones]
Nudeln	**pasta, la** [ˈpasta]
Nüsse	**frutos secos, los** [ˈfrutos sekos]
Obst	**fruta, la** [ˈfruta]
Öl	**aceite, el** [aˈθɛite]
Oliven	**aceitunas, las** [aθɛiˈtunas]
Orangen	**naranjas, las** [naˈranxas]
Orangensaft	**zumo de naranja, el** [ˈθumo đe naˈranxa]
Paprikaschote	**pimiento, el** [pimĭento]
Peperoni	**guindilla, la** [ginˈdiʎas]
Pfeffer	**pimienta, la** [pimiˈenta]
Pfirsich	**melocotón, el** [melokoˈtɔn]
Pflaume	**ciruela, la** [θiˈrŭela]
Pilze	**setas, las** [ˈsetas]
Putenfleisch	**carne de pavo, la** [ˈkarne đe ˈpaƀo]
Quark	**requesón, el** [rrekeˈsɔn]
Reis	**arroz, el** [aˈrrɔθ]
Rindfleisch	**carne de buey, la** [ˈkarne đe ƀŭɛĭ]
Rotwein	**vino tinto, el** [ˈbino ˈtinto]

Rosinen	**pasas, las** [ˈpasas]
Saft	**zumo, el** [ˈθumo]
Sahne	**nata, la** [ˈnata]
Salat	**lechuga, la** [leˈtʃŭga]
Salz	**sal, la** [sal]
Sardinen	**sardinas, las** [sarˈđinas]
Schafskäse	**queso de oveja, el** [ˈkeso đe oˈƀɛxa]
Schinken	**jamón, el** [xaˈmɔn]
Schokolade	**chocolate, el** [tʃokoˈlate]
Schweinefleisch	**carne de cerdo, la** [ˈkarne đe ˈθɛrđo]
Senf	**mostaza, la** [mɔsˈtaθa]
Spargel	**espárrago, el** [esˈparrago]
Spinat	**espinacas, las** [espiˈnakas]
Steak	**bistec, el** [bisˈtɛk]
Teebeutel	**bolsita de té, la** [bɔlˈsita đe te]
Thunfisch	**atún, el** [aˈtun]
Tintenfisch	**sepia, la** [ˈsepĭa]
Toast	**pan tostado, el** [pan tɔsˈtađo]
Tomate	**tomate, el** [toˈmate]
ungespritzt	**no rociado con pesticidas** [no rrɔˈθĭađo kɔn pestiˈθiđas]
Vollkornbrot	**pan integral, el** [pan inteˈgral]
Wasser	**agua, el** [ˈagŭa]
Wein	**vino, el** [ˈbino]
Weintrauben	**uvas, las** [ˈŭbas]
Weißbrot	**pan blanco, el** [pam ˈblaŋko]
Weißwein	**vino tinto, el** [ˈbino ˈtinto]
Wurst	**salchicha, la** [salˈtʃitʃa]
Zitrone	**limón, el** [liˈmɔn]
Zucchini	**calabacín, el** [kalaƀaˈθin]
Zucker	**azúcar, el** [aˈθukar]
Zwiebel	**cebolla, la** [θeˈboʎa]

Gastronomie

Können Sie mir ein gutes Restaurant empfehlen?
¿Puede recomendarme un buen restaurante?
[ˈpŭeđe rrεkomenˈdarme um ˈbŭen rrestaŭˈrante]

Ich möchte für heute Abend einen Tisch für ... Personen reservieren.
Quisiera reservar para esta noche una mesa para ... personas.
[kiˈsĭera rrεsεrˈƀar ˈpara ˈesta ˈnotʃe ˈuna ˈmesa ˈpara ... perˈsonas]

Ich habe einen Tisch auf den Namen ... reserviert.
He reservado una mesa a nombre de ...
[e rrεsεrˈƀađo ˈuna ˈmesa a ˈnɔmbre đe]

Was möchten Sie trinken/essen?
¿Qué desea beber/comer? [ke deˈsea ƀeˈƀεr/koˈmεr]

Ich möchte ein Glas/eine Flasche Weißwein/Rotwein.
Quisiera un vaso/una botella de vino blanco/tinto.
[kiˈsĭera um ˈbaso/ˈuna boˈteʎa đe ˈƀino ˈblaŋko/ˈtinto]

Ich nehme ein Bier/einen Saft.
Tomo una cerveza/un zumo.
[ˈtomo ˈuna θεrˈbeθa/un ˈθumo]

Wir möchten gerne bestellen.
Quisiéramos pedir. [kiˈsĭeramɔs peˈđir]

Was können Sie mir empfehlen?
¿Qué me puede recomendar?
[ke me ˈpŭeđe rrεkomenˈdar]

Welche Vorspeisen haben Sie?
¿Qué entremeses tiene? [ke entreˈmeses ˈtĭene]

Haben Sie auch ...? ¿Tiene también ...? [ˈtĭene tamˈƀĭen]

Ich möchte bitte nur einen Salat.
Sólo quisiera una ensalada. [ˈsolo kiˈsĭera ˈuna ensaˈlađa]

Ich möchte gerne vegetarisch essen.
Quisiera comida vegetariana.
[kiˈsĭera koˈmiđa bexetaˈrĭana]

Wir brauchen noch ein Besteck!
Necesitamos otro cubierto. [neθesiˈtamɔs ˈotro kuˈbĭɛrto]

Haben Sie auch Kinderteller?
¿También tienen platos para niños ?
[tamˈbĭen ˈtĭenen ˈplatɔs ˈpara ˈniɲɔs]

Leider haben wir kein ... mehr.
Lo sentimos, ya no nos queda ...
[lo senˈtimɔs ʎa no nos ˈkeda]

Darf es noch etwas sein?
¿Desea algo más? [deˈsea ˈalgo mas]

Wie möchten Sie Ihr Steak haben?
¿Cómo quisiera el bistec? [ˈkomo kiˈsĭera ɛl bisˈtɛk]

Guten Appetit! Buen provecho. [ˈƀŭen proˈƀetʃo]

Danke, gleichfalls.
Gracias, igualmente. [ˈgraθĭas igŭalˈmente]

Zum Wohl! Salud. [saˈlŭd]

Prost! Chinchin. [tʃinˈtʃin]

Bringen Sie mir bitte noch ...
Traiga por favor algo de ... [ˈtraĭga pɔr faˈƀɔr ˈalgo đe]

Das habe ich aber nicht bestellt.
Esto no lo he pedido. [ˈesto no lo e peˈđiđo]

Haben Sie meine Suppe vergessen?
¿Se ha olvidado de mi sopa? [se a olƀiˈđađo đe mi ˈsopa]

Kann ich Ihnen noch etwas bringen?
¿Puedo traerle algo más? [ˈpŭeđo traˈɛrle ˈalgo mas]

Möchten Sie eine Nachspeise?
¿Desea postre? [deˈsea ˈpɔstre]

Danke, im Moment nicht.
Gracias, de momento no. [ˈgraθĭas đe moˈmento no]

Hat es Ihnen geschmeckt?
¿Le ha gustado la comida? [le a gusˈtađo la koˈmiđa]

Es hat hervorragend geschmeckt.
La comida ha sido extraordinaria.
[la koˈmiđa a ˈsiđo estraɔrđiˈnarĭa]

Stört es Sie/dich, wenn ich rauche?
¿Le/Te molesta si fumo? [le moˈlesta si ˈfumo]

Kann ich bitte einen Zahnstocher haben?
¿Me podría traer un palillo? [me poˈđria traˈer un paˈliʎo]

Wir möchten bitte bezahlen.
Quisiéramos pagar. [kiˈsĭeramɔs paˈgar]

Der Rest ist für Sie.
La vuelta es para usted. [la ˈƀŭelta es ˈpara usˈteđ]

Bitte stellen Sie mir eine Quittung aus.
Por favor haga un recibo. [pɔr faˈƀɔr ˈaga un rrɛˈθiƀo]

Wir hätten gerne getrennte Rechnungen.
Quisiéramos pagar la cuenta por separado.
[kiˈsĭeramɔs paˈgar la ˈkŭenta pɔr sepaˈrađo]

Alles zusammen bitte.
Todo junto, por favor. [ˈtođo ˈxunto pɔr faˈƀɔr]

Vokabeln

Abendessen	**cena, la** ['θena]
Aschenbecher	**cenicero, el** [θeni'θero]
Bar	**bar, el** [bar]
Beilage	**guarnición, la** [gŭarni'θĭɔn]
Bier	**cerveza, la** [θεr'ƀeθa]
blutig	**poco hecho** ['poko 'etʃo]
Bratkartoffeln	**patatas fritas, las** [pa'tatas 'fritas]
Brot	**pan, el** [pan]
Café	**café, el** [ka'fe]
Cola	**coca-cola, la** ['koka 'kola]
Dessertkarte	**carta de postres, la** ['karta đe 'pɔstres]
Dessertlöffel	**cucharita de postre, la** [kutʃa'rita đe 'pɔstres]
Diät	**dieta, la** [dĭ'eta]
Dressing	**salsa para ensalada, la** ['salsa 'para ensa'lada]
durchgebraten	**bien hecho** ['bĭen 'etʃo]
Eis	**helado, el** [e'lađo]
Eiswürfel	**cubitos de hielo, los** [ku'ƀitɔz đe 'jelo]
essen	**comer** [ko'mεr]
fett	**graso** ['graso]
fettarm	**bajo en grasa** ['baxo eŋ grasa]
Filet	**filete, el** [fi'lete]
Fisch	**pescado, el** [pes'kađo]
flambiert	**flameado** [flame'ađo]
Flasche	**botella, la** [bo'teʎa]
Fleisch	**carne, la** ['karne]
Fleischbrühe	**caldo de carne, el** ['kaldo đe 'karne]
Folienkartoffel	**patata al horno, la** [pa'tata al 'ɔrno]

frisch gepresst	**recién exprimido** [rrɛˈθĭen espriˈmiđo]
Frühstück	**desayuno, el** [desaˈjuno]
frühstücken	**desayunar** [desaˈjunar]
Gabel	**tenedor, el** [teneˈđɔr]
Gans	**ganso, el** [ˈganso]
Garnelen	**gambas, las** [ˈgambas]
Gedeck	**cubiertos, los** [kuˈƀĭɛrtɔs]
Geflügel	**aves, las** [ˈaƀes]
Gemüse	**verdura, la** [ƀɛrˈđura]
Gewürze	**especias, las** [esˈpeθĭas]
gewürzt	**condimentado** [kɔndimenˈtađo]
Glas	**vaso, el** [ˈbaso]
Grillteller	**parrillada, la** [parriˈʎađa]
Hackfleisch	**carne picada, la** [ˈkarne piˈkađa]
hausgemacht	**casero** [kaˈsero]
heiß	**caliente** [kaˈlĭente]
Kaffee	**café, el** [kaˈfe]
Kakao	**cacao, el** [kaˈkao]
Karpfen	**carpa, la** [ˈkarpa]
Kartoffeln	**patatas, las** [paˈtatas]
Käse	**queso, el** [ˈkeso]
Kellner	**camarero, el** [kamaˈrero]
Ketchup	**ketchup, el** [keˈtʃup]
Kneipe	**bar, el** [bar]
Knoblauch	**ajo, el** [ˈaxo]
Kohlensäure	**gas, el** [ˈgas]
Kräuter	**hierbas, las** [ˈjɛrƀas]
Kuchen	**pastel, el** [pasˈtɛl]
lieblich	**suave** [ˈsŭaƀe]
Limonade	**limonada, la** [limoˈnađa]
Löffel	**cucharra, la** [kuˈtʃarra]
mager	**magro** [ˈmagro]

medium	**medio** [ˈmeđĭo]
Messer	**cuchillo, el** [kuˈtʃiʎo]
Mineralwasser	**agua mineral, el** [ˈagŭa mineˈral]
mit	**con** [kɔn]
Mittagessen	**almuerzo, el** [alˈmŭɛrθo]
Nachtisch	**postre, el** [ˈpɔstre]
Nudeln	**pasta, la** [ˈpasta]
Obstkuchen	**tarta de frutas, la** [ˈtarta đe ˈfrutas]
Obstsalat	**macedonia, la** [maθeˈđonĭa]
ohne	**sin** [sin]
Öl	**aceite, el** [aˈθɛite]
Oliven	**aceitunas, las** [aθɛĭˈtunas]
Pellkartoffel	**patata cocida sin pelar, la** [paˈtata koˈθiđa sin peˈlar]
Pfannkuchen	**crepe, la** [krɛp]
Pfeffer	**pimienta, la** [piˈmĭenta]
Pizza	**pizza, la** [ˈpitsa]
Pommes frites	**patatas fritas, las** [paˈtatas ˈfritas]
Portion	**ración, la** [raˈθĭon]
preiswert	**económico** [ekoˈnomiko]
Pudding	**budín, el** [buˈđin]
Reis	**arroz, el** [aˈrrɔθ]
roh	**crudo** [ˈkrŭdo]
Rührei	**huevos revueltos, los** [ˈŭeƀɔs rrɛˈƀŭɛltɔs]
Salat	**ensalada, la** [ensaˈlađa]
gemischter	**ensalada mixta, la** [ensaˈlađa ˈmista]
griechischer	**ensalada griega, la** [ensaˈlađa ˈgrĭega]
grüner	**ensalada verde, la** [ensaˈlađa ˈƀɛrđe]
Salat der Saison	**ensalada de temporada, la** [ensaˈlađa đe tempoˈrađa]

Salatbüffet	**bufé de ensaladas, el** [bu'fe đe ensa'lađas]
Salatsoße	**salsa para ensalada, la** ['salsa 'para ensa'lađa]
Salz	**sal, la** [sal]
sauer	**ácido** ['aθiđo]
scharf	**picante** [pi'kante]
Schinken	**jamón, el** [xa'mɔn]
schmecken	**gustar** [gus'tar]
Senf	**mostaza, la** [mɔs'taθa]
Service	**servicio, el** [sɛr'ƀĭθĭo]
Serviette	**servilleta, la** [sɛrƀi'ʎeta]
Soße	**salsa, la** ['salsa]
Spezialität des Hauses	**especialidad de la casa, la** [espeθĭali'đađ đe la 'kasa]
Spiegelei	**huevo frito, el** ['ŭeƀo 'frito]
Suppe	**sopa, la** ['sopa]
Suppenlöffel	**cuchara sopera, la** [ku'tʃara so'pera]
süß	**dulce** ['dulθe]
Süßstoff	**edulcorante, el** [eđulko'rante]
Tee	**té, el** [te]
... mit Milch	**... con leche** [kɔn 'letʃe]
... mit Zitrone	**... con limón** [kɔn li'mɔn]
trinken	**beber** [be'ƀɛr]
Trinkgeld	**propina, la** [pro'pina]
trocken	**seco** ['seko]
überbacken	**gratinar** [grati'nar]
vegetarisch	**vegetariano** [bɛxetărĭano]
Vorspeise	**entremeses, los** [entre'meses]
Wasser	**agua, el** ['agŭa]
Weinkarte	**carta de vinos, la** ['karta đe 'ƀinos]

Speisekarte

Heiße Getränke

café con leche, el [ka'fe kɔn 'letʃe]
Milchkaffee
café descafeinado, el [ka'fe deskafɛĭ'nađo]
koffeinfreier Kaffee
café, el [ka'fe]
schwarzer Kaffee
chocolate, el [tʃoko'late]
heiße Schokolade
cortado, el [kɔr'tađo]
kleiner Kaffee mit wenig Milch
infusión, la [infu'sĭɔn]
Aufgußtee
infusión de escaramujo, la [infu'sĭɔn đe eskara'muxo]
Hagebuttentee
infusión de frutas, la [infu'sĭɔn đe 'frutas]
Früchtetee
infusión de hierbas, la [infu'sĭɔn đe 'jɛrƀas]
Kräutertee
infusión de hinojo, la [infu'sĭɔn đe in'ɔxo]
Fencheltee
infusión de menta, la [infu'sĭɔn đe 'menta]
Pfefferminztee
infusión de roibos, la [infu'sĭɔn đe 'rrɔĭƀɔs]
Rotbuschtee
manzanilla, la [manθa'niʎa]
Kamillentee
té negro (con leche/limón), el [te 'negro]
schwarzer Tee (mit Milch/Zitrone)
té verde, el [te 'ƀɛrđe]
grüner Tee

Alkoholfreie Getränke

agua mineral, el [ˈagŭa mineˈral]
Mineralwasser

agua sin gas, el [ˈagŭa siŋ gas]
stilles Wasser

coca-cola, la [ˈkoka ˈkola]
Cola

leche, la [ˈletʃe]
Milch

limonada (limón), la [limoˈnađa liˈmɔn]
Zitronenlimonade

naranjada, la [naranˈxađa]
Orangentrunk

zumo, el [ˈθŭmo]
frischer Saft

zumo de manzana, el [ˈθumo đe manˈθana]
Apfelsaft

zumo de naranja, el [ˈθumo đe naˈranxa]
Orangensaft

zumo de tomate, el [ˈθumo đe toˈmate]
Tomatensaft

Alkoholische Getränke

carajillo, el [karaˈxiʎo]
Kaffee mit einem Schuss Likör

cava, el [ˈkaƀa]
Sekt

cerveza, la [θɛrˈƀeθa]
Bier

champán, el [tʃamˈpan]
Champagner

coñac, el [koˈŋak]
Kognak

ginebra, la [xiˈneƀra]
Gin
moscatel, el [mɔskaˈtɛl]
Moskatellerwein
mosto, el [ˈmɔsto]
Weinmost
ron, el [rrɔn]
Rum
semidulce, el [semiˈdulθe]
süßer Weißwein
vino blanco, el [ˈbino ˈƀlaŋko]
Weißwein
vino tinto, el [ˈbino ˈtinto]
Rotwein
whisky, el [ˈŭiski]
Whisky
wodka, el [ŭođˈka]
Wodka

Frühstück

embutido, el [embuˈtiđo]
Wurst
galleta, la [gaˈʎeta]
Keks
huevo, el [ˈŭeƀo]
Ei
huevo frito, el [ˈŭeƀo ˈfrito]
Spiegelei
huevo revuelto, el [ˈŭeƀo rrɛ̆ˈbŭɛlto]
Rührei
jamón, el [xaˈmɔn]
Schinken
mantequilla, la [manteˈkiʎa]
Butter

mermelada, la [mɛrmeˈlađa]
Marmelade
miel, la [ˈmiɛl]
Honig
muesli, el [ˈmŭesli]
Müsli
pan tostado, el [pan tɔsˈtađo]
Toastbrot
pan, el [pan]
Brot
panecillo, el [paneˈθiʎo]
Brötchen
queso, el [ˈkeso]
Käse
yogur, el [joˈgur]
Joghurt

Vorspeisen

aceitunas, las [aθɛĭˈtunas]
Oliven
ensalada de marisco, la [ensaˈlađa đe maˈrisko]
Meeresfrüchtesalat
gambas fritas con ajo, las [ˈgambas ˈfritas kɔn ˈaxo]
gebratene Garnelen mit Knoblauch
pan con ajo, el [pan kɔn ˈaxo]
Knoblauchbrot
patatas fritas, las [paˈtatas ˈfritas]
Kartoffelchips
plato de tapas, el [ˈplato đe ˈtapas]
Vorspeisenteller
salmón ahumado, el [salˈmɔn auˈmado]
Räucherlachs
tortilla, la [tɔrˈtiʎa]
Omelette

Suppen

caldo de carne, el [ˈkaldo đe ˈkarne]
Fleischbrühe
consomé, el [kɔnsoˈme]
klare Brühe
sopa de guisantes, la [ˈsopa đe giˈsantes]
Erbsensuppe
sopa de habas, la [ˈsopa đe ˈaƀas]
Suppe mit dicken Bohnen
sopa de judías blancas, la
[ˈsopa đe xuˈđias ˈblaŋkas]
Suppe mit weißen Bohnen
sopa de pasta, la [ˈsopa đe ˈpasta]
Nudelsuppe
sopa de pescado, la [ˈsopa đe pesˈkađo]
Fischsuppe
sopa de tomate, la [ˈsopa đe toˈmate]
Tomatensuppe
sopa de verdura la [ˈsopa đe ƀɛrˈđura]
Gemüsesuppe

Salate

ensalada catalana, la [ensaˈlađa kataˈlana]
Salat nach katalanischer Art
ensalada de marisco, la [ensaˈlađa đe maˈrisko]
Meeresfrüchtesalat
ensalada de pasta, la [ensaˈlađa đe ˈpasta]
Nudelsalat
ensalada de pepinos, la [ensaˈlađa đe peˈpinɔs]
Gurkensalat
ensalada de tomates, la [ensaˈlađa đe toˈmates]
Tomatensalat
ensalada mixta, la [ensaˈlađa ˈmista]
gemischter Salat

Nudel- und Reisgerichte

arroz al azafrán, el [aˈrrɔθ al aθaˈfran]
Reis mit Safran
arroz de mariscos, el [aˈrrɔθ đe maˈriskɔs]
Reis mit Meeresfrüchten
canelones, los [kaneˈlones]
Caneloni
paella, la [paˈeʎa]
Reispfanne
pasta a la boloñesa, la [ˈpasta a la boloˈɲesa]
Nudeln mit Hackfleischsoße
ravioles, los [rraˈƀĭoles]
Ravioli

Fleisch

asado, el [aˈsađo]
Braten
bistec, el [bisˈtɛk]
Steak
buey, el [ˈƀŭɛi]
Rind
callos, los [ˈkaʎɔs]
Kutteln
cerdo, el [ˈθɛrđo]
Schwein
chuleta, la [tʃuˈleta]
Kotelett
ciervo, el [ˈθĭɛrƀo]
Hirsch
cocido, el [koˈθiđo]
Fleischtopf mit Hülsenfrüchten
conejo, el [koˈnɛxo]
Kaninchen

cordero, el [kɔrˈđero]
Lamm
corzo, el [ˈkɔrθo]
Reh
filete, el [fiˈlete]
Filet
hígado, el [ˈigađo]
Leber
jabalí, el [xađaˈli]
Wildschwein
lengua, la [ˈleŋgŭa]
Zunge
liebre, la [ˈlĭeđre]
Hase
lomo, el [ˈlomo]
Lende
medallones, los [međaˈʎones]
Medaillons
riñon, el [rriˈɲɔn]
Niere
ternera, la [tɛrˈnera]
Kalb

Geflügel

ala, el [ˈala]
Flügel
avestruz, el [ađesˈtruθ]
Strauß
codorniz, la [kođɔrˈniθ]
Wachtel
faisán, el [faĭˈsan]
Fasan
ganso, el [ˈganso]
Gans

pato, el [ˈpato]
Ente
pavo, el [ˈpaƀo]
Truthahn
perdiz, la [pɛrˈdiθ]
Rebhuhn
pierna, la [ˈpĭerna]
Keule
pollo, el [ˈpoʎo]
Hähnchen

Fisch

anguila, la [aŋˈgila]
Aal
arenque, el [aˈreŋke]
Hering
atún, el [aˈtun]
Thunfisch
bacalao, el [bakaˈlao]
Kabeljau
besugo, el [beˈsŭgo]
Seebrasse
calamares, los [kalaˈmares]
Tintenfischringe
halibut, el [aliˈƀut]
Heilbutt
lenguado, el [leŋˈgŭađo]
Seezunge
merluza, la [mɛrˈluθa]
Seehecht
perca, la [ˈpɛrka]
Barsch
platija, la [plaˈtixa]
Scholle

rodaballo, el [rrođaˈƀaʎo]
Steinbutt
salmón, el [salˈmɔn]
Lachs
sardina, la [sarˈđina]
Sardine
sepia, la [ˈsepĭa]
Tintenfisch

Meeresfrüchte

camarones, los [kamaˈrones]
Krabben
cangrejo de río, el [kaŋˈgrɛxo đe ˈrrio]
Flusskrebs
cangrejo, el [kaŋˈgrɛxo]
Krebs
gambas, las [ˈgambas]
Garnelen
langosta, la [laŋˈgɔsta]
Hummer
mariscos, los [maˈriskos]
Muscheln
mejillones, los [mɛxiˈʎones]
Miesmuscheln
ostras, las [ˈɔstras]
Austern
sepia, la [ˈsepĭa]
Tintenfisch
vieiras, las [ˈbĭeiras]
Jakobsmuscheln

Gemüse und Beilagen

arroz, el [aˈrrɔθ]
Reis

brécol, el [ˈbrekɔl]
Brokkoli
cebollas, las [θeˈƀoʎas]
Zwiebeln
champiñones, los [tʃampiˈɲones]
Champignons
col, la [kɔl]
Kohl
coliflor, la [koliˈflɔr]
Blumenkohl
espárrago, el [esˈparrago]
Spargel
espinacas, las [espiˈnakas]
Spinat
guisantes, los [giˈsantes]
Erbsen
habas, las [ˈaƀas]
dicke Bohnen
judías blancas, las [xuˈđiaz ˈƀlaŋkas]
weiße Bohnen
judías verdes, las [xuˈđiaz ˈƀɛrđes]
grüne Bohnen
menestra de verdura, la [meˈnestra đe ƀɛrˈđura]
Mischgemüse
patatas al horno, las [paˈtatas al ˈɔrno]
Ofenkartoffel
patatas fritas, las [paˈtatas ˈfritas]
Pommes frites
patatas fritas, las [paˈtatas ˈfritas]
Bratkartoffeln
patatas, las [paˈtatas]
Salzkartoffeln
pimiento, el [piˈmĭento]
Paprikaschote

puerro, el [ˈpŭɛrrɔ]
Lauch
puré de patatas, la [puˈre đe paˈtatas]
Kartoffelbrei
setas, las [ˈsetas]
Pilze
tomates, los [toˈmates]
Tomaten

Obst

banana, la [baˈnana]
Banane
cereza, la [θeˈreθa]
Kirsche
ciruela, la [θiˈrŭˈela]
Pflaume
coco, el [ˈkoko]
Kokosnuss
fresa, la [ˈfresa]
Erdbeere
fruta de la pasión, la [ˈfruta de la pasiˈon]
Passionsfrucht
granada, la [graˈnađa]
Granatapfel
higo, el [ˈigo]
Feige
mandarina, la [mandaˈrina]
Mandarine
manzana, la [manˈθana]
Apfel
melón, el [meˈlɔn]
Melone
membrillo, el [memˈbriʎo]
Quitte

mora, la [ˈmora]
Brombeere
naranja, la [naˈranxa]
Orange
nectarina, la [nektaˈrina]
Nektarine
pera, la [ˈpera]
Birne
plátano, el [ˈplatano]
kanarische Banane
sandía, la [sanˈdia]
Wassermelone
uvas, las [ˈŭbas]
Weintrauben

Dessert

arroz con leche, el [aˈrrɔθ kɔn ˈletʃe]
Milchreis
crema catalana, la [ˈkrema kataˈlana]
Karamellpudding mit geröstetem Zuckerguss
flan, el [flan]
Karamellpudding
helado, el [eˈlađo]
gemischtes Eis
macedonia, la [maθeˈđonĭa]
Obstsalat
natillas, las [naˈtiʎas]
Pudding
pastel, el [pasˈtɛl]
Kuchen
queso fresco, el [ˈkeso ˈfresko]
Frischkäsezubereitung
sorbete, el [sɔrˈƀete]
Sorbet

tarta, la [ˈtarta]
Torte
yogur, el [joˈgur]
Joghurt

Käse

cuajada, la [ˈkŭaˈxađa]
Quark
queso de bola, el [ˈkeso đe ˈƀola]
Käse in Kugelform
queso de cabra, el [ˈkeso đe ˈkaƀra]
Ziegenkäse
queso de oveja, el [ˈkeso đe oˈƀɛxa]
Schafskäse
queso de vaca, el [ˈkeso đe ˈƀaka]
Käse aus Kuhmilch
queso fresco, el [ˈkeso ˈfresko]
Frischkäse
queso manchego, el [ˈkeso manˈtʃego]
Käse aus La Mancha (Spanien)

Snacks

barrita de chocolate, la [ˈbarrita đe tʃokoˈlate]
Schokoriegel
bocadillo, el [bokaˈđiʎo]
belegtes Brötchen ...
... de queso [đe ˈkeso]
... mit Käse
... de jamón [đe xaˈmɔn]
... mit Schinken
... de jamón dulce [đe xaˈmɔn ˈdulθe]
... mit gekochtem Schinken
... de embutido [đe embuˈtiđo]
... mit Wurst

Wetter

Wie soll heute/morgen das Wetter werden?
¿Qué tiempo hara hoy/mañana?
[ke ˈtĭempo aˈra ɔĭ/maˈɲana]

Es bleibt schön/schlecht.
Va a hacer un buen día/mal tiempo.
[ƀa a aˈθer un ˈbŭen ˈdia/mal ˈtĭempo]

Es wird besser/schlechter.
El tiempo va a mejorar/empeorar.
[ɛl ˈtĭempo ƀa a mexoˈrar/empeoˈrar]

Es sieht nach Regen aus.
Parece que va a llover. [paˈreθe ke ƀa a ʎoˈƀɛr]

Es soll heute noch ein Gewitter geben.
Hoy habrá tormenta. [ɔĭ aˈƀra tɔrˈmenta]

Heute war es den ganzen Tag sehr warm/kalt.
Hoy ha hecho calor/frio todo el día.
[ɔĭ ə ˈetʃo kaˈlɔr/ˈfrio ˈtođo ɛl ˈdia]

Wie viel Grad haben wir heute?
¿Cuántos grados tenemos hoy?
[ˈkŭantɔz ˈgrađɔs teˈnemɔs ɔĭ]

Es sind ... Grad. Tenemos ... grados. [teˈnemɔs … ˈgradɔs]

Es regnet/schneit.
Está lloviendo/nevando. [esˈta ʎoˈƀĭendo/neˈƀando]

Wann soll der Regen aufhören?
¿Cuándo dejará de llover? [ˈkŭando dɛxaˈra đe ʎoˈƀɛr]

Es ist sehr windig.
Hace mucho viento. [ˈaθe ˈmutʃo ˈƀĭento]

Vokabeln

bewölkt	**nublado** [nuˈƀlađo]
Blitz	**relámpago, el** [rrɛˈlampago]
diesig	**calimoso** [kaliˈmoso]
Donner	**trueno, el** [ˈtrŭeno]
Frost	**helada, la** [eˈlađa]
Gewitter	**tormenta, la** [tɔrˈmenta]
Hagel	**granizo, el** [graˈniθo]
heiß	**caliente** [kaˈlĭente]
heiter	**despejado** [despɛˈxađo]
Hitze	**calor, el** [kaˈlɔr]
Hoch	**anticiclón, el** [antiθiˈklɔn]
Kälte	**frío, el** [ˈfrio]
Klima	**clima, el** [ˈklima]
kühl	**fresco** [ˈfresko]
Luft	**aire, el** [ˈaĭre]
nebelig	**nebuloso** [nebuˈloso]
Niederschlag	**precipitación, la** [preθipitaˈθĭɔn]
Nieselregen	**lluvia fina, la** [ˈʎŭbĭa ˈfina]
Regen	**lluvia, la** [ˈʎŭbĭa]
regnerisch	**lluvioso** [ʎuˈbĭoso]
Schnee	**nieve, la** [ˈnĭeƀe]
sonnig	**soleado** [soleˈađo]
sternenklar	**estrellado** [estreˈʎađo]
stürmisch	**tempestuoso** [tempesˈtŭoso]
Tauwetter	**deshielo, el** [deˈsĭelo]
Temperatur	**temperatura, la** [temperaˈtura]
Tief	**borrasca, la** [boˈrraska]
warm	**caliente** [kaˈlĭente]
wechselhaft	**variable** [vaˈrĭaƀle]
Wind	**viento, el** [ˈbĭento]

Notfälle

Wo ist hier die Polizei?
¿Dónde está aquí la comisaría de policía?
[ˈdɔnđe esˈta aˈki la komisaˈria đe poliˈθia]

Bitte rufen Sie die Polizei.
Llame a la policía, por favor. [ˈʎame a la poliˈθia pɔr faˈƀɔr]

Man hat mir meine Papiere gestohlen.
Me han robado mis papeles. [me an rroˈƀađo mis paˈpeles]

Man hat mein Auto aufgebrochen.
Me han abierto el coche. [me an aˈƀĭɛrto ɛl ˈkotʃe]

Es hat einen Unfall gegeben.
Ha habido un accidente. [a aˈƀiđo un agθiˈđente]

Rufen Sie schnell einen Krankenwagen und die Polizei.
Llame urgentemente a una ambulancia y a la policía.
[ˈʎame urxenteˈmente a ˈuna ambuˈlanθĭa i a la poliˈθia]

Es ist nicht meine Schuld gewesen.
No ha sido culpa mía. [no a ˈsiđo ˈkulpa mia]

Der andere hat die Vorfahrt missachtet.
El otro no ha cedido el paso. [ɛl ˈotro no a θeˈđiđo ɛl ˈpaso]

Sie sind zu schnell gefahren.
Ha conducido demasiado rápido.
[a kɔnduˈθiđo demaˈsĭađo ˈrrapiđo]

Sie sind zu dicht aufgefahren und konnten nicht mehr rechtzeitig bremsen.
Conducía demasiado cerca y no ha podido frenar a tiempo.
[kɔnduˈθia demaˈsĭado ˈθɛrka i no a poˈđiđo freˈnar a ˈtĭempo]

Bitte geben Sie mir Ihren Namen und Ihre Adresse.
Deme su nombre y su dirección, por favor.
[ˈdeme su ˈnɔmbre i su dirɛgˈθĭ ɔn pɔr faˈƀɔr]

Geben Sie mir den Namen Ihrer Versicherung und Ihre Versicherungsnummer.
Deme el nombre y el número de su seguro.
[ˈdeme ɛl ˈnɔmbre i ɛl ˈnumero đe su seˈguro]

Können Sie eine Zeugenaussage machen?
¿Puede declarar como testigo?
[ˈpŭeđe đeklaˈrar ˈkomo tesˈtigo]

Ich möchte, dass wir die Polizei holen.
Quiero que llamemos a la policía.
[ˈkĭero ke ʎaˈmemos a la poliˈθia]

Bitte kommen Sie schnell.
Venga rápido, por favor. [ˈbeŋga ˈrrapiđo pɔr faˈƀɔr]

Ich bin verprügelt worden.
Me han golpeado. [me an golpeˈađo]

Ich bin unschuldig. Soy inocente. [sɔĭ inoˈθente]

Hier brennt es!
Aquí se está quemando algo.
[aˈki se esˈta keˈmando ˈalgo]

Wir sind in unserem Zimmer eingesperrt.
Estamos encerrados en nuestra habitación.
[esˈtamɔs enθeˈrrađɔs en ˈnŭestra aƀitaˈθĭ ɔn]

Bitte unterschreiben Sie hier.
Por favor firme aquí. [pɔr faˈƀɔr ˈfirme aˈki]

Sie müssen dieses Formular ausfüllen.
Tiene que rellenar este formulario.
[ˈtĭene ke rreʎeˈnar ˈeste fɔrmuˈlarĭ o]

Vokabeln

Anwalt	**abogado, el** [aƀoˈgađo]
Anzeige	**denuncia, la** [deˈnunθĭa]
anzeigen	**denunciar** [denunˈθĭar]
aufbrechen	**abrir** [aˈƀrir]
Autoradio	**radio del coche, la** [ˈrrađĭo đɛl ˈkɔtʃe]
belästigen	**molestar** [molesˈtar]
beobachten	**observar** [oƀsɛrˈƀar]
Bescheinigung	**certificado, el** [θɛrtifiˈkađo]
Dieb	**ladrón, el** [laˈđrɔn]
Drehleiter	**escalera rotativa, la** [esˈkalera rrotaˈtiƀa]
Feuerwehr	**bomberos, los** [bɔmˈberɔs]
Geldbeutel	**monedero, el** [moneˈđero]
Handtasche	**bolso, el** [bɔlˈso]
Konsulat	**consulado, el** [kɔnsuˈlađo]
Löschzug	**equipo de bomberos, el** [eˈkipo đe ƀɔmˈberos]
Sanitäter	**enfermero, el** [emfɛrˈmero]
Schlägerei	**pelea, la** [pɛˈlea]
Sprungtuch	**lona de los bomberos, la** [ˈlona đe los ƀɔmˈberos]
Strafzettel	**multa, la** [ˈmulta]
Täter	**culpable, el** [kulˈpaƀle]
Überfall	**asalto, el** [aˈsalto]
Verletzte, -er, -e	**heridos, herido, herida** [eˈriđɔs eˈriđo eˈriđa]
Versicherung	**seguro, el** [seˈguro]
wertvoll	**valioso** [baˈlĭoso]
Zeuge	**testigo, el** [tesˈtigo]

Gesundheitliche Probleme

Rufen Sie bitte einen Notarzt.
Llame a un médico de emergencia, por favor.
[ˈʎame a un ˈmeđiko đe emɛrˈxenθĭa pɔr faˈƀɔr]

Welche Apotheke hat Nachtdienst/Bereitschaft?
¿Dónde hay una farmacia de guardia?
[dɔnđe ai ˈuna farˈmaθĭa đe guarˈđĭa]

Haben Sie etwas gegen ...?
¿Tiene algo para ...? [ˈtĭene algo ˈpara]

Das haben wir im Moment nicht vorrätig.
Esto no lo tenemos disponible ahora mismo.
[ˈesto no lo teˈnemɔs dispoˈniƀle aˈɔra ˈmizmo]

Das müssen wir bestellen.
Tenemos que pedirlo. [teˈnemɔs ke peˈdirlo]

Haben Sie ein Rezept dafür?
¿Tiene receta? [ˈtĭene rreˈθeta]

Können Sie mir einen guten Allgemeinarzt empfehlen?
¿Puede recomdendarme un buen médico?
[ˈpŭeđe rrɛkomenˈdarme um ˈbŭen ˈmeđiko]

Wann hat er Sprechstunde?
¿Cuál es el horario de consulta?
[ˈkŭal es ɛl oˈrarĭo đe kɔnˈsulta]

Geben Sie mir bitte einen Termin.
Deme una cita, por favor. [ˈdeme una ˈθita pɔr faˈƀɔr]

Hier tut es weh. Me duele aquí. [me ˈdŭele aˈki]

Ich bin erkältet. Estoy resfriado. [esˈtɔĭ rresˈfrĭađo]

Ich habe Atembeschwerden.
Tengo molestias en las vías respiratorias.
[ˈteŋgo moˈlestĭas en las ˈƀias rrespiraˈtorĭas]

Ich habe starke Kopf-/Halsschmerzen.
Tengo dolores fuertes de cabeza/de garganta.
[ˈteŋgo doˈlores ˈfŭɛrtes đe kaˈbeθa/đe garˈganta]

Ich habe mich (die ganze Nacht) übergeben müssen.
He vomitado (durante toda la noche).
[e ƀomiˈtađo duˈrante ˈtođa la ˈnotʃe]

Mir ist schlecht/schwindelig.
Me siento mal./Estoy mareado.
[me ˈsĭento mal/esˈtɔĭ mareˈađo]

Ich bin ohnmächtig geworden.
Me he desmayado. [me e dezmaˈjađo]

Ich bin gestürzt. **Me he caído.** [me e kaˈiđo]

Ich kann den Arm/das Bein nicht mehr bewegen.
Ya no puedo mover el brazo/la pierna.
[ja no ˈpŭeđo moˈƀɛr ɛl ˈƀraθo/la ˈpĭɛrna]

Mich hat ein Hund/eine Schlange gebissen.
Me ha mordido un perro/una serpiente.
[me a mɔrˈđiđo um ˈpɛrro/ˈuna sɛrˈpĭente]

Ich bin auf ... allergisch. **Soy alérgico a ...** [sɔĭ aˈlɛrxiko a]

Ich bin Diabetiker. **Soy diabético.** [sɔĭ diaˈƀetiko]

Ich bin im ... Monat schwanger.
Estoy embarazada de ... meses.
[esˈtoi embaraˈθađa đe … ˈmeses]

Vor kurzem hatte ich ...
Hace poco tuve ... [ˈaθe ˈpoko ˈtuƀe]

Was ist die Diagnose?
¿Cuál es el diagnóstico? [kŭal es ɛl dĭagˈnɔstiko]

Können Sie mir bitte ein Attest ausstellen.
¿Puede hacerme un certificado?
[ˈpŭeđe aˈθerme un θɛrtifiˈkađo]

Ich möchte die Behandlung in Deutschland fortsetzen.
Quiero continuar el tratamiento en Alemania.
[ˈkĭero kɔntinuˈar ɛl trataˈmĭento en aleˈmanĭa]

Bitte informieren Sie meine Familie.
Por favor informe a mi familia.
[pɔr faˈƀɔr imˈfɔrme a mi faˈmilĭa]

Bitte geben Sie mir etwas gegen meine Schmerzen.
Por favor deme algo contra el dolor.
[pɔr faˈƀɔr ˈdeme ˈalgo ˈkɔntra ɛl đoˈlor]

Ich möchte auf eigene Verantwortung gehen.
Quisiera irme bajo mi propia responsabilidad.
[kiˈsĭera irme ˈbaxo mi ˈpropĭa rrespɔnsaƀiliˈđađ]

Kommen Sie bitte um ... Uhr. Venga a las ... [ˈbeŋga a las]

Haben Sie Schmerzen? ¿Tiene dolores? [ˈtĭene đoˈlores]

Wo tut es weh? ¿Dónde le duele? [ˈdɔnde le ˈdŭele]

Sind Sie allergisch gegen ...?
¿Es alérgico a ...? [es aˈlɛrxiko a]

Sind Sie gegen irgendwelche Medikamente allergisch?
¿Es alérgico a algún medicamento?
[es aˈlɛrxiko a alˈgun međikaˈmento]

Machen Sie sich bitte oben herum frei.
Desnúdese de la cintura para arriba.
[dezˈnudese đe la θinˈtura ˈpara aˈrriƀa]

Sind Sie gegen Tetanus geimpft?
¿Le pusieron ya la antitetánica?
[le pu'sĭerɔn ja la antite'tanika]

Ich muss Ihnen Blut abnehmen.
Tengo que sacarle sangre. ['teŋgo ke sa'karle 'saŋgre]

Sie brauchen mehrere Tage Bettruhe.
Tiene que guardar cama unos días.
['tĭene ke gŭar'đar 'kama 'unɔs 'đias]

Sie müssen in ein Krankenhaus.
Tiene que ser ingresado en un hospital.
['tĭene ke sɛr iŋgre'sađo en un ɔspi'tal]

Dafür möchte ich keine Verantwortung übernehmen.
No quiero asumir la responsabilidad.
[no 'kĭero asu'mir la rrespɔnsaƀili'đađ]

Kommen Sie bitte nächste Woche zum Fädenziehen.
Venga la semana que viene para quitarle los puntos.
['beŋga la se'mana ke ƀĭene 'para ki'tarle lɔs 'puntɔs]

Der Arm ist wahrscheinlich gebrochen.
Probablemente se ha roto el brazo.
[proƀaƀle'mente se a 'rrɔto ɛl 'braθo]

Wir müssen den Fuß röntgen.
Tenemos que hacer una radiografía del pie.
[te'nemɔs ke a'θer 'una rradĭogra'fia dɛl pĭe]

Sie bekommen einen Gips.
Le pondremos una escayola.
[le po'ndremɔs 'una eska'ʎɔla]

Sie müssen operiert werden.
Tiene que someterse a una operación.
['tĭene ke some'tɛrse a 'una opera'θĭɔn]

Ich muss zum Zahnarzt.
Tengo que ir a ver a un dentista.
[ˈteŋgo ke ir a ƀɛr a un denˈtista]

Dieser Zahn hier tut weh.
Este diente me duele aquí.
[ˈeste ˈdĭente me ˈdŭˈele aˈki]

Mir ist eine Füllung herausgefallen.
Se me ha caído un empaste.
[se me a kaˈiđo un emˈpaste]

Ich habe eine Krone verloren.
He perdido una corona. [e pɛrˈđiđo ˈuna koˈrona]

Ich habe mir einen Zahn ausgeschlagen.
Se me ha saltado un diente.
[se me a salˈtađo un ˈdĭente]

Mir ist ein Zahn abgebrochen.
Se me ha roto un diente. [se me a ˈrrɔto un ˈdĭente]

Bitte behandeln Sie mich nur mit/ohne Spritze.
Por favor, tráteme con/sin anestesia.
[pɔr faˈƀɔr ˈtrateme kɔn/sin anesˈtesĭa]

Öffnen Sie den Mund. Abra la boca. [ˈaƀra la ˈƀoka]

Ich muss den Zahn ziehen.
Tengo que extraerle el diente.
[ˈteŋgo ke estraˈɛrle ɛl ˈdĭente]

Sie haben ein Loch im Zahn.
Tiene un agujero en el diente.
[ˈtĭene un aguˈxero en ɛl ˈdĭente]

Bitte essen Sie in den nächsten zwei Stunden nichts.
Por favor, no coma nada en las próximas dos horas.
[pɔr faˈƀɔr no ˈkoma ˈnađa en las ˈprɔgsimas dɔs ˈoras]

Vokabeln

Körperteile und -funktionen

Ader	**vaso sanguíneo, el** [ˈbaso saŋˈgineo]
Arm	**brazo, el** [ˈbraθo]
Atmung	**respiración, la** [rrespiraˈθĭɔn]
Auge	**ojo, el** [ˈɔxo]
Augenlid	**párpado, el** [ˈparpađo]
Backenzahn	**muela, la** [ˈmŭela]
Bandscheibe	**cartílago intervertebral, el** [carˈtilago intɛrƀɛrteˈƀral]
Bauch	**vientre, el** [ˈbĭentre]
Becken	**pelvis, la** [ˈpɛlƀis]
Bein	**pierna, la** [ˈpĭerna]
Blase	**vejiga, la** [beˈxiga]
Blinddarm	**apéndice, el** [aˈpendiθe]
Blut	**sangre, la** [ˈsaŋgre]
Blutdruck	**presión sanguínea, la** [preˈsĭɔn saŋˈginea]
Bronchien	**bronquios, los** [ˈbrɔŋkĭɔs]
Brust	**pecho, el** [ˈpetʃo]
Darm	**intestino, el** [intesˈtino]
Daumen	**pulgar, el** [pulˈgar]
Ellenbogen	**codo, el** [ˈkođo]
Ferse	**talón, el** [taˈlɔn]
Finger	**dedo, el** [ˈdeđo]
Fuß	**pie, el** [pĭe]
Galle	**bilis, la** [ˈbilis]
Gallenblase	**vesícula biliar, la** [beˈsikula biˈlĭar]
Gaumen	**paladar, el** [palaˈđar]
Gebiss	**dentadura, la** [dentaˈđura]
Gehirn	**cerebro, el** [θeˈreƀro]
Gelenk	**articulación, la** [artikulaˈθĭɔn]

Geschlechts-organe	**órganos sexuales, los** [ˈorganɔs sɛgˈsŭales]
Gesäß	**nalgas, las** [ˈnalgas]
Gesicht	**cara, la** [ˈkara]
Haare	**pelo, el** [ˈpelo]
Hals	**garganta, la** [garˈganta]
Hand	**mano, la** [ˈmano]
Handgelenk	**muñeca, la** [muˈɲeka]
Haut	**piel, la** [ˈpĭel]
Herz	**corazón, el** [koraˈθɔn]
Hoden	**testículo, el** [tesˈtikulo]
Hüfte	**cadera, la** [kaˈđera]
Kehlkopf	**laringe, la** [laˈriŋxe]
Kiefer	**mandíbula, la** [manˈdiƀula]
Kieferhöhle	**seno maxilar, el** [ˈseno magsiˈlar]
Kinn	**barbilla, la** [barˈbiʎa]
Knie	**rodilla, la** [rrɔˈđiʎa]
Kniescheibe	**disco de la rodilla, el** [ˈdisko đe la rrɔˈdiʎa]
Knöchel	**tobillo, el** [toˈƀiʎo]
Knochen	**hueso, el** [ˈŭeso]
Kopf	**cabeza, la** [kaˈƀeθa]
Körper	**cuerpo, el** [ˈkŭɛrpo]
Kreislauf	**circulación, la** [θirkulaˈθĭɔn]
Leber	**hígado, el** [ˈigađo]
Lippe	**labio, el** [ˈlaƀĭo]
Lunge	**pulmón, el** [pulˈmɔn]
Lymphknoten	**nudo linfático, el** [ˈnŭdo limˈfatiko]
Magen	**estómago, el** [esˈtomago]
Mandeln	**amígdalas, las** [aˈmigđalas]
Menstruation	**menstruación, la** [menstrŭaˈθĭɔn]
Milz	**bazo, el** [ˈbaθo]
Mund	**boca, la** [ˈboka]

Muskel	**músculo, el** [ˈmuskulo]
Nacken	**cuello, el** [ˈkŭeʎo]
Nagel	**uña, la** [ˈuɲa]
Nase	**nariz, la** [naˈriθ]
Nebenhöhlen	**senos nasales, los** [ˈsenos naˈsales]
Nerv	**nervio, el** [ˈnɛrƀĭo]
Netzhaut	**retina, la** [rrɛˈtina]
Nieren	**riñón, el** [rriˈɲɔn]
Oberschenkel	**muslo, el** [ˈmuslo]
Ohr	**oreja, la** [oˈrɛxa]
Penis	**pene, el** [ˈpene]
Rippe	**costilla, la** [kɔsˈtiʎa]
Rücken	**espalda, la** [esˈpalđa]
Rückenmark	**médula espinal, la** [ˈmeđula espiˈnal]
Schädel	**cráneo, el** [ˈkraneo]
Scheide	**vagina, la** [baˈxina]
Schienbein	**tibia, la** [ˈtiƀĭa]
Schilddrüse	**glándula tiroides, la** [ˈglandula tiˈroides]
Schläfe	**sien, la** [ˈsĭˈen]
Schleimbeutel	**bolsa mucosa, la** [ˈbɔlsa muˈkosa]
Schleimhaut	**membrana mucosa, la** [memˈbrana muˈkosa]
Schlüsselbein	**clavícula, la** [klaˈƀikula]
Schneidezahn	**incisivo, el** [inθiˈsiƀo]
Schulter	**hombro, el** [ˈɔmbro]
Schulterblatt	**omoplato, el** [omoˈplato]
schwanger	**embarazada** [embaraˈθađa]
Schwangerschaft	**embarazo, el** [embaˈraθo]
Sehne	**tendón, el** [tenˈdɔn]
Spann	**empeine, el** [emˈpeine]
Speiseröhre	**esófago, el** [eˈsofago]

Stirnhöhlen	**senos frontales, los** [ˈsenɔs frɔnˈtales]
Stoffwechsel	**metabolismo, el** [metaƀoˈlizmo]
Stuhlgang	**heces, las** [ˈeθes]
Trommelfell	**tímpano, el** [ˈtimpano]
Unterleib	**bajo vientre, el** [ˈbaxo ˈbĭentre]
Urin	**orina, la** [oˈrina]
Vene	**vena, la** [ˈbena]
Verdauung	**digestión, la** [dixesˈtĭɔn]
Wange	**mejilla, la** [mɛˈxiʎa]
Weisheitszahn	**muela del juicio, la** [ˈmŭˈela đe ˈxŭiθĭo]
Wirbel	**vértebra, la** [ˈbɛrteƀra]
Wirbelsäule	**columna, la/vertebral, la** [koˈlumna/ƀɛrteˈƀral]
Zahn	**diente, el** [ˈdĭente]
Zahnfleisch	**encía, la** [enˈθia]
Zehe	**dedo, el** [ˈdeđo]
Zunge	**lengua, la** [ˈleŋgŭa]

Krankheiten und Symptome

Abszess	**absceso, el** [aƀsˈθeso]
Aids	**sida** [ˈsiđa]
Allergie	**alergia, la** [alɛrˈxia]
Angina	**anginas, las** [aŋˈxinas]
Asthma	**asma, el** [ˈazma]
Atembeschwerden	**problemas respiratorios, los** [proˈƀlemas rrespiraˈtorĭɔs]
Ausschlag	**erupción, la** [erupˈθĭɔn]
Bänderriss	**ruptura de ligamentos, la** [rupˈtura đe ligaˈmentɔs]
Bindehaut-entzündung	**conjuntivitis, la** [kɔnxuntiˈƀitis]

Biss	**mordisco, el** [mɔrˈđisko]
Blähungen	**flatulencia, la** [flatuˈlenθĭa]
Blasenentzündung	**cistitis, la** [θisˈtitis]
Blinddarm-durchbruch	**hernia cecal, la** [ˈɛrnĭa θeˈkal]
Blinddarm-entzündung	**apendicitis, la** [apendiˈθitis]
Blinddarmreizung	**irritación del apéndice, la** [irritaˈθĭɔn dɛl aˈpendiθe]
Blutdruck, hoher	**presión alta, la** [preˈsĭɔn ˈalta]
Blutdruck, niedriger	**presión baja, la** [preˈsĭɔn ˈbaxa]
Bluterguss	**hematoma, el** [emaˈtoma]
Blutung	**hemorragia, la** [emɔˈrraxĭa]
Blutvergiftung	**septicemia, la** [sɛptiˈθemĭa]
Bronchitis	**bronquitis, la** [brɔnˈkitis]
Bruch	**fractura, la** [frakˈtura]
Diabetes	**diabetes, la** [dĭaˈƀetes]
Diphtherie	**difteria, la** [difteˈria]
Durchfall	**diarrea, la** [dĭaˈrrɛa]
Eiter	**pus, el** [pus]
Entzündung	**inflamación, la** [imflamaˈθĭɔn]
Erbrechen	**vómito, el** [ˈbomito]
Erkältung	**resfriado, el** [rresˈfrĭađo]
Fieber	**fiebre, la** [ˈfĭeƀre]
Gallenstein	**cálculos biliares, los** [ˈkalkulɔs biˈlĭares]
Gehirn-erschütterung	**conmoción cerebral, la** [kɔnmoˈθiɔn θereˈbral]
Gelenkschmerzen	**artralgia, la** [artˈralxĭa]
Geschlechts-krankheit	**enfermedad de transmisión sexual, la** [emfɛrmeˈđađ đe transmiˈsĭɔn sɛgˈsŭal]

Geschwür	**úlcera, la** [ˈulθera]
Grippe	**gripe, la** [ˈgripe]
Hämorrhoiden	**hemorroides, las** [emoˈrrɔĭđes]
Halsschmerzen	**dolores de garganta, los** [doˈlores đe garˈganta]
Heiserkeit	**ronquera, la** [rrɔnˈkera]
Hepatitis	**hepatitis, la** [epaˈtitis]
Herpes	**herpes, el** [ˈɛrpes]
Herzanfall	**ataque cardíaco, el** [aˈtake karˈđiako]
Herzfehler	**anomalía cardíaca, la** [anomaˈlia karˈdiaka]
Herzinfarkt	**infarto de miocardio, el** [imˈfarto de mʏoˈkarđĭo]
Heuschnupfen	**fiebre del heno, la** [ˈfĭeƀre đɛl eno]
Hexenschuss	**lumbago, el** [lumˈbago]
Husten	**tos, la** [tɔs]
Infektion	**infección, la** [imfɛgˈθĭɔn]
Karies	**caries, la** [ˈkarĭes]
Keuchhusten	**tos ferina, la** [tɔs feˈrina]
Kinderlähmung	**polio, la** [ˈpolĭo]
Kolik	**cólico, el** [ˈkoliko]
Kopfschmerzen	**dolor de cabeza, el** [doˈlor đe kaˈƀeθa]
Krampf	**calambre, el** [kaˈlambre]
Krankheit	**enfermedad, la** [emfɛrmeˈđađ]
Krebs	**cáncer, el** [ˈkanθɛr]
Kreislaufstörung	**trastorno circulatorio, el** [trasˈtɔrno θirkulaˈtorĭo]
Lähmung	**parálisis, la** [paˈralisis]
Lebensmittelvergiftung	**intoxicación alimentaria, la** [intoksikaˈθĭon alimenˈtarĭa]
Leistenbruch	**hernia inguinal, la** [ˈɛrnĭa iŋgiˈnal]

Leukämie	**leucemia, la** [leŭˈθemĭa]
Loch (im Zahn)	**agujero (en el diente), el** [aguˈxero en ɛl ˈdĭente]
Lungenentzündung	**neumonía, la** [neŭmoˈnia]
Magenschmerzen	**dolores de estómago, los** [doˈlores đe esˈtomago]
Mandelentzündung	**amigdalitis, la** [amigđaˈlitis]
Masern	**sarampión, el** [saramˈpĭɔn]
Menstruationsbeschwerden	**problemas menstruales, los** [proˈƀlemas menˈstrŭales]
Migräne	**migraña, la** [miˈgraɲa]
Mittelohrentzündung	**otitis media, la** [oˈtitis ˈmeđĭa]
Müdigkeit	**cansancio, el** [kanˈsanθĭo]
Multiple Sklerose	**esclerosis múltiple, la** [eskleˈrosis ˈmultiple]
Mumps	**paperas, las** [paˈperas]
Muskelfaserriss	**rotura de fibra muscular, la** [rroˈtura đe ˈfiƀra muskuˈlar]
Muskelzerrung	**distensión muscular, la** [distenˈsĭɔn muskuˈlar]
Nierenkolik	**cólico del riñón, el** [ˈkoliko đɛl rriɲɔn]
Nierenstein	**cálculos renales, los** [ˈkalkulɔs rrɛˈnales]
Ohnmacht	**desmayo, el** [desˈmajo]
Ohrenschmerzen	**dolores de oído, los** [doˈlores đe oˈiđo]
Parodontose	**paradontosis, la** [parađɔnˈtosis]
Pilz	**hongo, el** [ˈoŋgo]
Prellung	**contusión, la** [kɔntuˈsĭɔn]
Rheuma	**reuma, el** [ˈrreŭma]
Röteln	**rubéola, la** [rruˈƀeola]

Rückenschmerzen	**dolores de espalda, los** [doˈlores đe esˈpalđa]
Salmonellen-vergiftung	**salmonelosis, la** [salmoneˈlosis]
Schlaganfall	**apoplejía, la** [apoplɛxia]
Schmerzen	**dolores, los** [doˈlores]
Schnupfen	**constipado, el** [kɔnstiˈpađo]
Schock	**shock, el** [ʃɔk]
Schüttelfrost	**escalofríos, los** [eskaloˈfriɔs]
Schweißausbruch	**sudoración, la** [sŭdoraˈθĭ ɔn]
Schwindel	**vértigo, el** [ˈbɛrtigo]
Sehnenzerrung	**distensión de un tendón, la** [distenˈsĭ ɔn de un tenˈdɔn]
Sehstörungen	**trastorno visual, el** [trasˈtɔrno biˈsŭal]
Sodbrennen	**acidez estomacal, la** [aθiˈđeθ estomaˈkal]
Sonnenbrand	**quemadura solar, la** [kemaˈđura sɔˈlar]
Sonnenstich	**insolación, la** [insolaˈθĭ ɔn]
Stich	**picadura, la** [pikaˈđura]
Tetanus	**tétano, el** [ˈtetano]
Tuberkulose	**tuberculosis, la** [tŭbɛrkuˈlosis]
Übelkeit	**náusea, la** [ˈnaŭsea]
Unterleibs-schmerzen	**dolores en el bajo vientre, los** [doˈlores en ɛl ˈƀaxo ˈƀĭ entre]
Verbrennung	**quemadura, la** [kemaˈđura]
verletzt	**herido** [eˈriđo]
Verletzung	**herida, la** [eˈriđa]
verrenkt	**luxado** [lŭgˈsađo]
verschoben	**desplazado** [desplaˈθađo]
verstaucht	**dislocado** [disloˈkađo]
Verstauchung	**dislocación, la** [dislokaˈθĭ ɔn]

Verstopfung	**estreñimiento, el** [estreɲiˈmĭento]
Windpocken	**varicela, la** [bariˈθela]
Wunde	**herida, la** [eˈriđa]
Zahnfleisch-entzündung	**gingivitis, la** [xiŋxiˈƀitis]
Zahnschmerzen	**dolor de muelas, el** [doˈlɔr đe ˈmŭelas]
Zahnstein	**sarro, el** [ˈsarro]

Medikamente

Abführmittel	**laxante, el** [lagˈsante]
Antibabypille	**píldora anticonceptiva, la** [ˈpilđora antikɔnθɛƀˈtiƀa]
Antibiotikum	**antibiótico, el** [antiˈƀĭɔtiko]
Aspirin	**aspirina, la** [aspiˈrina]
Augentropfen	**gotas para los ojos, las** [ˈgotas ˈpara lɔs ˈɔxɔs]
Beipackzettel	**folleto informativo, el** [foˈʎeto imfɔrmaˈtiƀo]
Beruhigungsmittel	**calmante, el** [kalˈmante]
Brandsalbe	**pomada para las quemaduras, la** [poˈmađa ˈpara las kemaˈđuras]
Desinfektions-mittel	**desinfectante, el** [desimfɛkˈtante]
fiebersenkendes Mittel	**antipirético, el** [antipiˈretiko]
Gegenanzeigen	**contraindicaciones, las** [kɔntraindikaˈθĭones]
Halstabletten	**pastillas para la garganta, las** [pasˈtiʎas ˈpara la garˈganta]
hömoöpathisches Mittel	**remedio homeopático, el** [rrɛˈmeđĭo omeoˈpatiko]

Hustensaft	**jarabe para la tos, el** [xaˈraƀe ˈpara la tos]
Insulin	**insulina, la** [insuˈlina]
Jod	**yodo, el** [ˈjođo]
Kohletabletten	**pastillas de bicarbonato, las** [pasˈtiʎas đe bikarƀoˈnato]
Kreislaufmittel	**medicamento cardiovascular, el** [međikaˈmento karđĭoƀaskuˈlar]
Medikament	**medicamento, el** [međikaˈmento]
Nasentropfen	**gotas nasales, las** [ˈgotas naˈsales]
Nasenspray	**espray nasal, el** [esˈpraĭ naˈsal]
Nebenwirkungen	**efectos secundarios, los** [eˈfɛktɔs sekunˈdarĭɔs]
Ohrentropfen	**gotas para los oídos, las** [ˈgotas ˈpara lɔs oˈiđɔs]
Penicillin	**penicilina, la** [peniθiˈlina]
regelmäßig	**regularmente** [rrɛgularˈmente]
rezeptpflichtig	**sujeto a prescripción médica** [suˈxeto a preskripˈθĭɔn ˈmeđika]
Salbe	**pomada, la** [poˈmađa]
Schleimlöser	**expectorante, el** [espɛktoˈrante]
Schlafmittel	**somnífero, el** [sɔmˈnifero]
Schmerzmittel	**calmante, el** [kalˈmante]
Spritze	**inyección, la** [injɛgˈθĭɔn]
Tablette	**pastilla, la** [pasˈtiʎas]
Tropfen	**gotas, las** [ˈgotas]
Vitamintabletten	**pastillas de vitaminas, las** [pasˈtiʎas đe ƀitaˈminas]
Wundsalbe	**ungüento vulnerario, el** [uŋˈgŭento ƀulneˈrarĭo]
Zäpfchen	**supositorio, el** [suposiˈtorĭo]
Zusammensetzung	**composición, la** [kɔmposiˈθĭɔn]

Ärzte und Behandlung

Augenarzt	**oculista, el** [okuˈlista]
Bandage	**vendaje, el** [benˈdaxe]
Chirurg	**cirujano, el** [θiruˈxano]
Diagnose	**diagnóstico, el** [dĭagˈnostiko]
Facharzt	**especialista, el** [espeθĭaˈlista]
Frauenarzt	**ginecólogo, el** [xineˈkologo]
Füllung	**empaste, el** [emˈpaste]
Hals-Nasen-Ohren-Arzt	**otorrinolaringólogo, el** [otɔˈrrinolariŋˈgɔlogo]
Hautarzt	**dermatólogo, el** [dɛrmaˈtologo]
Impfung	**vacuna, la** [baˈkuna]
Infusion	**infusión, la** [imfuˈsĭɔn]
Inlay	**inserto, el** [inˈsɛrto]
Kinderarzt	**pediatra, el** [peˈđĭatra]
Krankenhaus	**hospital, el** [ɔspiˈtal]
Krankenschwester	**enfermera, la** [enfɛrˈmera]
Krone	**corona, la** [koˈrona]
Operation	**operación, la** [operaˈθĭɔn]
Orthopäde	**ortopedista, el** [ortopeˈdista]
Pfleger	**enfermero, el** [emfɛrˈmero]
praktischer Arzt	**médico general, el** [ˈmeđiko ˈxeneˈral]
Praxis	**consultorio, el** [kɔnsulˈtorĭo]
Röntgenbild	**radiografía, la** [rrađĭograˈfia]
Termin	**cita, la** [ˈθita]
Tierarzt	**veterinario, el** [beteriˈnarĭo]
Ultraschall	**ultrasonido, el** [ultrasoˈniđo]
Untersuchung	**examen, el** [ɛgˈsamen]
Urologe	**urólogo, el** [uˈrologo]
Verband	**vendaje, el** [benˈdaxe]
Wurzelbehandlung	**tratamiento de la raíz dental, el** [trataˈmĭento đe la rraˈiθ đental]

Zahlen

Grundzahlen

0 – cero
1 – uno
2 – dos
3 – tres
4 – cuatro
5 – cinco
6 – seis
7 – siete
8 – ocho
9 – nueve
10 – diez
11 – once
12 – doce
13 – trece
14 – catorce
15 – quince
16 – dieciséis
17 – diecisiete
18 – dieciocho
19 – diecinueve
20 – veinte
21 – veintiuno

Uhrzeit

Volle Stunden werden mit son + las + Zahl gebildet:
Son las dos. – Es ist 2.00 Uhr.
Ausnahme: Es la una. – Es ist 1.00 Uhr.

Zwischen morgens (bis 12.00 Uhr), nachmittags (bis Einbruch der Dunkelheit) und abends/nachts (bis 3.00 Uhr morgens) wird durch Zusätze unterschieden, zum Beispiel:
Son las tres de la tarde. – Es ist 3.00 Uhr nachmittags.
Son las diez de la mañana. – Es ist 10.00 Uhr morgens.
Son las nueve de la noche. – Es ist 9.00 Uhr abends.

Minutenangaben bis zur halben Stunde werden mit y angehängt: Son las cuatro y diez. – Es ist zehn nach vier.
Minutenangaben ab der halben Stunde werden mit der nächsten vollen Stunde minus der Minuten angegeben:
Son las cinco menos veinte. – Es ist zwanzig vor fünf.

Kleine Grammatik

Adjektiv

Das Adjektiv bestimmt ein Substantiv näher. Im Spanischen haben die meisten Adjektive eine männliche Form auf -o und eine weibliche Endung auf -a, zum Beispiel: un lugar tranquilo – una habitación tranquila.

Des Weiteren gibt es Adjektive, die nur eine Form für die männliche und weibliche Endung haben, zum Beispiel die Adjektive auf -e (interesante, grande, fulminante ...), zum Beispiel: un pueblo interesante – una ciudad interesante.

Alle Adjektive bilden den Plural auf -s:
una habitación tranquila – habitaciones tranquilas
un pueblo tranquilo – pueblos tranquilos
un lugar interesante – lugares interesantes

Adjektive können voran- und nachgestellt werden:

a) Nachgestellt werden die Adjektive, die der Unterscheidung dienen, zum Beispiel: un hotel grande – ein großes Hotel (und nicht das kleine).

b) Vorangestellt werden Adjektive, die Zahlwörter und andere Mengenbegriffe darstellen, zum Beispiel: muchas personas – viele Menschen, una persona – eine Person, otros idiomas – andere Sprachen.

c) Dasselbe gilt für Adjektive, die beschreiben und nicht zur Unterscheidung gebraucht werden, etwa: la pequeña iglesia – die kleine Kirche (es gibt auch große).

Adverb

Adverbien bestimmen Verben, Adjektive, andere Adverbien, Sätze und im Spanischen auch Substantive näher, zum Beispiel: Somos muy listos. – Wir sind sehr schlau.

Bei den Adverbformen wird unterschieden zwischen:

a) ursprünglichen Adverbien (die von keinem anderen Wort abgeleitet sind), zum Beispiel:
aquí – hier, allí – dort, más – mehr, ya – schon

b) zusammengesetzten Adverbien (die aus zwei oder mehr Wörtern gebildet werden), zum Beispiel:
deprisa (schnell) = de + prisa

c) abgeleiteten Adverbien (werden durch Anhängen von -mente an die weibliche Form eines Adjektivs gebildet), zum Beispiel: lentamente von lento – langsam.

Artikel

Der bestimmte Artikel

Der bestimmte Artikel steht vor dem Substantiv und bestimmt dessen Zahl und Geschlecht:

	Singular	Plural
Maskulinum	el	los
Femininum	la	las

Der Artikel und das Substantiv werden nicht dekliniert, zum Beispiel la mujer – die Frau, con la mujer – mit der Frau.

Der bestimmte Artikel steht vor Titeln und vor señor/señora, zum Beispiel:

¿Quién es el señor/la señora ...? – Wer ist Herr/Frau ...?,
¿Usted es el doctor Santiago ...? – Sind Sie Dr. Santiago?

Bei der Anrede nutzt man den bestimmten Artikel allerdings nicht, zum Beispiel: Bienvenida, señora Gambia. – Herzlich willkommen, Frau Gambia.

Der männliche Artikel verschmilzt mit den Präpositionen a und de:
a + el = al de + el = del
Beispiele: al hotel (ins Hotel), del hotel (vom Hotel, des Hotels).

Der unbestimmte Artikel

	Singular	Plural
Maskulinum	un	unos
Femininum	una	unas

Die unbestimmten Pluralartikel unos und unas werden nur im Zusammenhang mit Substantiven verwendet, die ausschließlich im Plural auftreten, zum Beispiel:
las gafas (Brille) – unas gafas (eine Brille).

Ansonsten dienen diese beiden Artikel zum Ausdruck von „ein paar, einige“, zum Beispiel:
unos libros (einige Bücher).

Der neutrale Artikel

Der neutrale Artikel „lo“ wird bei der Substantivierung von Adjektiven, Partizipien und Ordnungszahlen verwendet, zum Beispiel:
bueno (gut) – lo bueno (das Gute)
tuyo (dein) – lo tuyo (das Deine)
permitido (erlaubt) – lo permitido (das Erlaubte)

Es gibt einige feststehende Wendungen mit lo:
a lo mejor – vielleicht
por lo visto – offensichtlich
vivir a lo grande – im großen Stil leben

Pronomen

Personalpronomen

Die Personalpronomen werden im Spanischen weggelassen und nur die Verbform genannt, aus der hervorgeht, um welche Person es sich handelt, zum Beispiel: canto – ich singe, viajas – du reist, abrimos – wir öffnen.

Die Personalpronomen werden nur zur besonderen Betonung eingesetzt, zum Beispiel: Yo tengo el vídeo. – Ich habe die Videokassette (und kein anderer).

yo – ich	nosotros/-as – wir
tú – du	vosotros/-as – ihr
él/ella – er, sie, es	ellos/-as – sie
usted – Sie (Anrede)	ustedes – Sie (Anrede)

Reflexivpronomen

Reflexivpronomen begleiten reflexive Verben. Dabei beziehen sich Subjekt und Reflexivpronomen auf dieselbe Person. Der Infinitiv dieser Verben endet auf -arse, -erse oder -irse. Im Spanischen gibt es wenige „echte" reflexive Verben, zum Beispiel: lavarse – sich waschen.

(yo)	me lavo
(tú)	te lavas
(él)	se lava
(nosotros)	nos lavamos
(vosotros)	os laváis
(ellos)	se lavan

Relativpronomen

Das Relativpronomen leitet einen Relativsatz ein und bezieht sich auf ein oder mehrere unmittelbar vorhergehende Substantive. Im Spanischen muss der Relativsatz nicht durch Kommas begrenzt werden, zum Beispiel: Las chicas las cuales organizan la fiesta están fuera de momento. (Die Mädchen, die das Fest organisieren, sind derzeit nicht da.)

Singular	Maskulinum	Femininum	Neutrum
	que (der)	que (die)	que (das)
	el que (derjenige)	la que	lo que
	el cual (welcher)	la cual	lo cual
	quien (welcher)	quien	quien
Plural	que	que	
	los que	las que	
	los cuales	las cuales	
	quienes	quienes	

Demonstrativpronomen

Die neutralen Demonstrativpronomen esto, eso und aquello stehen immer alleine, zum Beispiel: Ésto es. – Dieses ist es. Aquello es. – Jenes dort ist es. Éso es. – Das da ist es.

Singular	Maskulinum	Femininum	Neutrum
	éste (dieser)	ésta	esto
	aquél (jener)	aquélla	aquello
	ése (der da)	ésa	eso
Plural	éstos	éstas	
	aquéllos	aquéllas	
	ésos	ésas	

Die Formen von éste und aquél beziehen sich auf Gegenstände oder Sachen, diejenigen von ése auf Gegenstände.

Possessivpronomen

Spanische Possessivpronomen werden bis auf die Formen nuestro/-a, vuestro/-a nicht nach Geschlecht, sondern nur nach Anzahl angeglichen, zum Beispiel: mis libros (meine Bücher), su casa (ihr Haus). Der Plural wird durch das Anhängen eines -s gebildet.

Singular	Maskulinum	Femininum
mein	mi	
dein	tu	
sein/ihr	su	
unser	nuestro	nuestra
euer	vuestro	vuestra
ihr	su	

Plural	Maskulinum	Femininum
meine	mis	
deine	tus	
seine/ihre	sus	
unsere	nuestros	nuestras
eure	vuestros	vuestras
ihre	sus	

Interrogativpronomen

Interrogativpronomen tragen im Spanischen stets einen Akzent. Sie werden an Zahl und Geschlecht angeglichen:

¿Qué? – Was?	¿Qué haces? – Was machst du?
¿Quién? – Wer?	¿Quién es? – Wer ist das?
¿Cuál? – Welcher?	¿Cuáles son? – Welche sind es?
¿Cómo? – Wie?	¿Cómo funciona la máquina? – Wie funktioniert die Maschine?
¿Cuánto? – Wie viele?	¿Cuántas casas hay aquí?– Wie viele Häuser gibt es hier?

¿Dónde? – Wo?	¿Dónde están mis gafas? Wo ist meine Brille?
¿De dónde? – Woher?	¿De dónde eres? – Woher kommst du?
¿Adónde? – Wohin?	¿Adónde vas de vacaciones? – Wohin fährst du in Urlaub?
¿Por qué? – Warum?	¿Por qué no arranca el coche? – Warum springt das Auto nicht an?

Satzbau
Wortstellung

Bei Aussagesätzen lautet die Reihenfolge: Subjekt – Prädikat – Objekt, zum Beispiel: Juan toma una taza. (Juan nimmt eine Tasse.) Im einfachen Fragesatz gilt folgende Wortstellung: Fragewort – Prädikat – Subjekt, zum Beispiel: ¿Cuánto cuesta el libro? (Wie viel kostet das Buch?).

Verneinung

Zur einfachen Verneinung wird „no“ vor das konjugierte Verb gestellt, es hat die Bedeutung nicht/kein, zum Beispiel: No voy allí. (Ich gehe da nicht hin.) No tengo hambre. (Ich habe keinen Hunger.)

Substantiv

Substantive sind im Spanischen männlich oder weiblich. Ein Neutrum wie im Deutschen gibt es nur bei substantivierten Adjektiven und Partizipien.

Männliche Substantive enden meistens auf -o, -n, -aje, -ón, -r, -l, -a/á, -ma, zum Beispiel: el libro, el pan, el viaje, el lugar, el pantalón, el fútbol, el poeta, el programa. Männlich sind in der Regel Himmelsrichtungen, geologische Namen, Wochentage und Monate, Zahlwörter, Infinitive und substantivierte Wortarten (außer Adjektive und Partizipien).

Weibliche Substantive enden meistens auf -a, -d, -z, ión, zum Beispiel: la rueda, la ciudad, la paz, la situación. Weiblich sind in der Regel Inseln, Städte und Länder, die auf -a enden, und Buchstaben.

Substantive, die auf -e enden, können sowohl männlich als auch weiblich sein.

Der Plural wird durch Anhängen eines -s bei Substantiven mit unbetonter Vokalendung gebildet, zum Beispiel: el perro – los perros. Substantiven, die auf einen Konsonanten enden, wird im Plural -es angehängt: el rey – los reyes.

Endet ein Substantiv auf ein betontes -a, -e oder -o, so wird im Plural -s angehängt, zum Beispiel: la mamá – las mamás, el capó – los capós, el café – los cafés. Bei betontem -í oder -ú wird im Plural -es angehängt, zum Beispiel: el jabalí – los jabalíes.

Verb

Es gibt drei Verbgruppen im Spanischen:

a) Die 1. Gruppe enthält alle Verben mit der Endung **-ar** im Infinitiv, zum Beispiel buscar (suchen).

b) Die 2. Gruppe beinhaltet die Verben mit der Endung **-er** im Infinitiv, zum Beispiel comer (essen).

c) Die 3. Gruppe enthält alle Verben mit der Endung **-ir**, zum Beispiel vivir (leben, wohnen).

Konjugation

1. Gruppe	2. Gruppe	3. Gruppe
busco	como	vivo
buscas	comes	vives
busca	come	vive
buscamos	comemos	vivimos
buscáis	coméis	vivís
buscan	comen	viven

Im Spanischen gibt es drei Hilfsverben: haber (haben), ser und estar. Das Verb „sein" hat zwei Entprechungen: estar (sich befinden) und ser (in allen anderen Fällen, etwa Herkunft, Besitz, ...), zum Beispiel:

El coche es de Antonia. (Das Auto gehört Antonia.)	Estoy bien. (Mir geht es gut.)
Soy de Alemania. (Ich komme aus Deutschland.)	Estamos de vacaciones. (Wir sind verreist.)

Präsens	**estar**	**ser**
(yo)	estoy	soy
(tú)	estás	eres
(él)	está	es
(nosotros)	estamos	somos
(vosotros)	estáis	sois
(ellos)	están	son

ir (gehen)	**hacer** (machen)	**tener** (haben)
voy	hago	tengo
vas	haces	tienes
va	hace	tiene
vamos	hacemos	tenemos
vais	hacéis	tenéis
van	hacen	tienen

Reisewortschatz von A–Z

Deutsch–Spanisch

A

abbiegen; girar
Abend; noche, la
aber; pero
abfahren; partir/salir
abgesehen von; aparte de
abholen; recoger
ablehnen; rechazar
abreisen; salir/partir
abschließen; cerrar
achten; respetar
Achtung!; atención, la
ähnlich; similar
aktuell; actual
Alkohol; alcohol, el
all, -e, -s; todo/toda/ todos/todas
allein; solo
alt; viejo
Ampel; semáforo, el
anbieten; ofrecer
anderer, -e, -es; otro/otra/otros/otras
ändern; cambiar/variar/ alterar
anfangen; comenzar/ empezar
Angaben zur Person; datos personales, los
Angebot; oferta, la
Angehörige; pariente, el
Angst; miedo, el
anhalten; parar
ankommen; llegar
annehmen; recibir/ aceptar
anrufen; llamar
anschauen; mirar
Antwort; respuesta, la
Anzeige (Polizei); denuncia, la
anziehen, sich; vestirse
Apotheke; farmacia, la
arbeiten; trabajar
arm; pobre
atmen; respirar
auch; también
Aufenthalt; estancia, la
auffordern; exigir
Aufgabe; tarea, la
aufhören; terminar/acabar
aufschreiben; apuntar
aufstehen; levantarse
Auftrag; pedido, el
aufwachen; despertarse
Augenblick; momento, el
Ausblick; vista, la/ panorama, el
Auskunft; información, la

Ausland; extranjero, el
Ausländer; extranjero, el
Ausnahme; excepción, la
auspacken; deshacer el equipaje/desempaquetar
ausruhen; descansar/reposar
ausschalten; apagar
aussehen; tener aspecto de/parecer
außen; fuera
aussteigen; bajar
auswendig; de memoria
ausziehen, sich; desnudarse

B

Baby; bebé, el
Bach; arroyo, el
baden; bañarse
bald; pronto/en breve
Ball; pelota, la
Bank; banco, el
bar; en efectivo/al contado
Baum; árbol, el
beantragen; solicitar
bedeuten; significar
bedienen; atender/servir (Geschäft/Restaurant)
beeilen; darse prisa/apurarse
Beginn; comienzo, el/inicio, el
begrüßen; saludar
behalten; quedarse con/conservar/guardar
Behälter; recipiente, el
Behörde; autoridad, la/oficina, la
Bein; pierna, la
Beispiel; ejemplo, el
bekannt; conocido
bekommen; recibir
beliebt; popular
benutzen; usar/utilizar
bequem; cómodo
beraten; asesorar
Berg; montaña, la/monte, el
Beruf; profesión, la
berühmt; famoso
berühren; tocar/rozar
beschädigen; dañar/deteriorar
besichtigen; visitar
besser; mejor
bestätigen; confirmar
besuchen; visitar
betrachten; contemplar
betrunken; borracho
Bettdecke; manta, la
Bevölkerung; población, la
bewegen; mover/moverse
Beziehung; relación, la
bieten; ofrecer
billig; barato
bitten; pedir/rogar

bleiben; quedarse
Blitz; relámpago, el
blond; rubio
blühen; florecer
Blume; flor, la
bluten; sangrar
Boden; suelo, el
Bonbon; caramelo, el
Boot; barca, la
brauchen; necesitar
breit; ancho/amplio
brennen; quemar
Brieftasche; cartera, la
bringen; traer
Brust; pecho, el
Buch; libro, el
buchen; reservar
Buchstabe; letra, la
bunt; colorido/de varios colores
Büro; oficina, la
Bushaltestelle; parada, la

C

Chance; oportunidad, la/ocasión, la
Chef; jefe, el/superior, el
Computer; ordenador, el

D

dafür; en cambio
dagegen; en contra
Dame; señora, la
dankbar; agradecido
danken; dar las gracias/agradecer
Datum; fecha, la
dauern; durar/tardar
dein, -e; tuyo/tuya
denken; pensar
denn; pues/porque
derzeit; de momento
deutsch; alemán
Deutsche, -er; alemana, la/alemán, el
Deutschland; Alemania
dicht; denso
Dieb; ladrón, el
dieser, -e, -es; este/esta/esto
dir; te
Dorf; pueblo, el
draußen; fuera
dringend; urgente
drinnen; dentro
dritter, -e, -es; tercero/tercera
du; tú
dunkel; oscuro
dürfen; poder/deber/tener permiso
Durst; sed, la

E

ebenfalls; igualmente
echt; auténtico
eigener, -e, -es; propio/propia

ein, -e, -es; un, una
einfach; simple/fácil
einkaufen; comprar
einladen (Gast); invitar
einschalten (Licht ...); encender
einschlafen; dormirse
einsteigen; subir
eintreten; entrar
einverstanden; de acuerdo
Einwohner; habitante, el/la
einzeln; por separado/ uno por uno
Eltern; padres, los
Ende; fin, el
eng; estrecho
entdecken; descubrir
entgegen; en contra de
entscheiden; decidir
enttäuscht; decepcionado/ desilusionado
er; él
Erde; tierra, la
Ereignis; acontecimiento, el
erfahren; saber/enterarse
erhalten; recibir/obtener
erinnern; recordar
erklären; explicar
erlauben; permitir/ autorizar
erleben; vivir
erschrecken; asustarse
erster, -e, -es; primero/ primera
Erwachsener; adulto, el
erwarten; esperar
essen; comer
Essen; comida, la
Esszimmer; comedor, el
etwa; aproximadamente
euch; vosotros, -as
euer, eure; vuestro, -a

F

fahren; ir/conducir
Fahrrad; bicicleta, la
fallen; caer
falsch; equivocado/ erróneo/falso
Farbe; color, el
fast; casi
faul; podrido
fehlen; faltar/estar ausente
Fehler; error, el/falta, la
feiern; celebrar
Ferien; vacaciones, las
fernsehen; ver la televisión
fertig; terminado/listo
feucht; húmedo
Feuer; fuego, el
finden; encontrar
Finger; dedo, el
flach; llano/plano
fliegen; volar
Fluss; río, el
fotografieren; fotografiar
fragen; preguntar

Frau; mujer, la
Frau; señora, la (Anrede)
frei; libre
Freiheit; libertad, la
fremd; extraño
Fremdsprache; lengua extranjera, la/idioma extranjero, el
Freude; alegría, la
freuen; alegrarse
freundlich; amable
frieren; tener frío
fühlen; sentir
führen; guiar
für; para/por
fürchten; temer
Fuß; pie, el

G

ganz; todo/completo
Garten; jardín, el
Gästehaus; hostal, el
geben; dar
Gedanke; pensamiento, el
gefährlich; peligroso
gefallen; gustar
gegen; contra
Gegenstand; cosa, la
gegenüber; en frente
geheim; secreto
gehen; ir
gehören; poseer
Gelegenheit; ocasión, la/oportunidad, la
genug; suficiente
geradeaus; todo recto
geschehen; ocurrir/pasar
Geschirr; vajilla, la
Gesicht; cara, la
Gespräch; conversación, la
gesund; sano/saludable
gewinnen; ganar
gewiss; seguro
Glatteis; hielo, el
glauben; creer(se)
gleich; igual/idéntico
gleicher, -e, -es; mismo/misma
gleichfalls; igualmente
Glück; suerte, la/felicidad, la
glücklich; feliz
Gott; Dios
Großmutter; abuela, la
Großvater; abuelo, el
Grund; razón, la
Gruppe; grupo, el
grüßen; saludar
günstig; económico

H

Haar; pelo, el
haben; poseer
halb; medio
Hälfte; mitad, la
halten; parar
Handtasche; bolso de mano, el

hart; duro/fuerte
hässlich; feo
Hauptstadt; capital, la
Haus; casa, la
heiß; caliente
helfen; ayudar
hell; claro/iluminado
Herbst; otoño, el
Herr; señor, el
Herr; Señor (Anrede)
hier; aquí
Hilfe; ayuda, la
Himmel; cielo, el
hinsetzen; sentarse
hinter; detrás
hoch; alto
hoffen; esperar
hoffentlich; ojalá
höflich; cortés
holen; recoger/coger/ sacar
hören; oír/escuchar
Hund; perro, el
Hunger; hambre, el

I

ich; yo
immer; siempre
Industrie; industria, la
innen; dentro
Insel; isla, la
interessant; interesante
interessieren; interesar
irgendwo; en alguna parte
ist; es/está
Italien; Italia
italienisch; italiano

J

Jahr; año, el
jeder, -e, -es; cada uno/una
jemand; alguien
jetzt; ahora
jung; joven

K

kalt; frío
kaputt; roto
Kasten; caja, la
Katze; gato, el
kaufen; comprar/adquirir
kaum; apenas
kein, -e, -er; ninguno/ ninguna
keine; ningunos/ningunas
kennen; conocer
Kerze; vela, la
Kirche; iglesia, la
Kleidungsstück; prenda, la
Klingel; timbre, el
klingeln; llamar/tocar el timbre
klopfen; golpear
klug; inteligente
kochen; cocinar
kommen; venir
können; poder

Körper; cuerpo, el
kosten; costar/probar
krank; enfermo
Krankenhaus; hospital, el
Kreuzung; cruce, el
Küche; cocina, la
Kugelschreiber; bolígrafo, el
Kultur; cultura, la
kurz; corto
Küste; costa, la

L

lächeln; sonreír
lachen; reír(se)
Lage; sitio, el/zona, la
Lampe; lámpara, la
Land; país, el
Landkarte; mapa, el
lang; largo
lange; mucho tiempo
langsam; lento
langweilig; aburrido
Lärm; ruido, el
lassen; dejar
Lastkraftwagen; camión, el
laufen; andar
laut; ruidoso
Leben; vida, la
leben; vivir
lebendig; vivo
Lebensmittel; alimentos, los
leer; vacío
Lehrer; profesor, el
leicht; fácil
Leid tun; sentir
leider; por desgracia
leise; silencioso
lenken; conducir
lernen; aprender
lesen; leer
letzter, -e, -es; último/última
Licht; luz, la
lieb; amable
lieben; amar/querer
Lied; canción, la
liegen; estar tumbado
Liter; litro, el
Literatur; literatura, la
Loch; agujero, el
locker; flojo
Luft; aire, el
Lüge; mentira, la
lustig; alegre/divertido

M

machen; hacer
man; se/uno
manchmal; a veces/de vez en cuando
Mann; hombre, el
Markt; mercado, el
Meer; mar, el
mehr; más
mein, -e; mi/mis
Meinung; opinión, la

Mensch; hombre, el/ ser humano, el
merken; darse cuenta
Miete; alquiler, el
mieten; alquilar
Minute; minuto, el
Missverständnis; malentendido, el
mit; con
mitkommen; acompañar
mitnehmen; llevar/traer
Mittag; mediodía, el
Mitte; centro, el/medio, el/mitad, la
Mitternacht; medianoche, la
mögen; gustar/querer/ desear
Möglichkeit; posibilidad, la
Moment; momento, el
Monat; mes, el
Mond; luna, la
Morgen; mañana, la
müde; cansado
Müll; basura, la
müssen; deber/hay que/ tener que
Muttersprache; lengua materna, la

N

nachdenken; pensar/ reflexionar
Nachmittag; tarde, la
nächster, -e, -es; próximo/ siguiente
Nacht; noche, la
Nachteil; desventaja, la/ inconveniente, el
nah(e); cerca/próximo
nass; mojado/húmedo
Natur; naturaleza, la
natürlich; naturalmente
neben; junto a/ al lado de
nehmen; coger/tomar
nervös; nervioso
nett; amable/ simpático
neugierig; curioso
neulich; hace poco/el otro día
nicht; no
nichts; nada
niedrig; bajo
niemand; nadie
nirgends; en ninguna parte/en ningún lugar
Norden; norte, el
normal; normal
nötig; necesario/ preciso
Notruf; llamada de socorro, la/teléfono de emergencia, el
notwendig; necesario/ preciso
nur; solamente/sólo

O

oben; arriba
oder; o
Ofen; horno, el/estufa, la
offen; abierto
öffentlich; público
öffnen; abrir
oft; a menudo/frecuentemente
ohne; sin
ordentlich; ordenado
Osten; este, el
Ostern; Pascua, la
Österreich; Austria, -
österreichisch; austríaco

P

Paar; pareja, la
Papier; papel, el
passen; sentar bien/pegar
Person; persona, la
persönlich; personalmente
Pflanze; planta, la
Pflicht; deber, el
Plan; plan, el
planen; planificar/proyectar
Portion; porción, la/ración, la
praktisch; práctico
privat; privado
pro; por
probieren; probar
Problem; problema, el
prüfen; controlar/verificar
pünktlich; puntual
putzen; limpiar/fregar

Q

quer; en sentido transversal/atravesado
Quittung; recibo, el

R

Rad fahren; ir en bicicleta
Radio; radio, la
rau; áspero
rauchen; fumar
reagieren; reaccionar
Reaktion; reacción, la
rechnen; calcular/contar
recht; exacto/justo/adecuado
Rechtsanwalt; abogado, el
reden; hablar
Regal; estantería, la
Regel; regla, la/norma, la
regeln; regular/arreglar
Regenschirm; paraguas, el
regieren; gobernar/reinar
Regierung; gobierno, el
reich; rico
Reihenfolge; orden, el
Reisebüro; agencia de viajes, la
Reisepass; pasaporte, el
reiten; cabalgar
Rest; resto, el

retten; salvar/rescatar
richtig; correcto/exacto
Richtung; dirección, la
Rücksicht; consideración, la
rückwärts; hacia atrás
rufen; llamar/gritar
Ruhe; silencio, el
ruhig; silencioso/callado/quieto
rund; redondo

S

Sache; cosa, la
sagen; decir
satt; lleno
sauber; limpio
schade; es una lástima/qué lástima
Schalter; botón, el/interruptor, el
scharf; afilado/picante/fuerte
schauen; mirar
schenken; regalar
Schere; tijeras, las
schieben; empujar
schief; torcido/inclinado
schimpfen; reñir
schlafen; dormir
schlank; delgado
schlecht; mal
schließen; cerrar/deducir
schlimm; mal/terrible
Schlitten; trineo, el/
Schluss; fin, el/final, el
schmal; estrecho
schmutzig; sucio
schneiden; cortar
schnell; rápido
Schnupfen; constipado, el/catarro, el
schön; bonito/bello
schrecklich; horrible/terrible
schreiben; escribir
schreien; gritar/chillar
Schublade; cajón, el
schuldig; culpable
Schule; colegio, el/escuela, la
Schüssel; cuenco, el
schütten; verter/derramar
schwach; débil
schweigen; callarse/guardar silencio
Schweiz; Suiza
schwer; pesado/difícil
schwierig; difícil
schwimmen; nadar
sehen; ver/mirar
sehr; mucho
sein, -e; su
Seite; página, la/lado, el/cara, la
selbst; mismo

selten; pocas veces/ raramente
seltsam; raro/extraño
Sessel; sillón, el
setzen; sentarse/poner
sich; se
sicher; seguro
sie; ella
singen; cantar
sitzen; estar sentado
Ski; esquí, el
Sofa; sofá, el
sofort; enseguida/ inmediatamente
sollen; deber
Sommer; verano, el
Sonne; sol, el
Sorge; preocupación, la/ inquietud, la
Spaß; diversión, la/ broma, la
spät; tarde
später; después
spazieren gehen; dar un paseo/caminar
Speiseeis; helado, el
Speisekarte; menú, el
Spiegel; espejo, el
Spiel; juego, el
Sport; deporte, el
Sprache; lengua, la/ idioma, el
sprechen; hablar
springen; saltar
Stadt; ciudad, la
stark; fuerte
stattfinden; tener lugar/ celebrarse
stehen; estar de pie
stehlen; robar
Stein; piedra, la
Stelle; lugar, el/sitio, el
sterben; morir/fallecer
still; callado/silencioso
Stimme; voz, la
Stoff; sustancia, la/tela, la
stören; molestar
stoßen; golpear/empujar/ lanzar
Strafe; castigo, el
Strand; playa, la
Straßenkarte; mapa, el
Streik; huelga, la
Streit; disputa, la/pelea, la
Stress; estrés, el
Strom; corriente, la
Stufe; peldaño, el/ escalón, el/nivel, el
Stuhl; silla, la
Stunde; hora, la
stürzen; caerse
suchen; buscar
Süden; sur, el
sympathisch; simpático

Tag; día, el
Tante; tía, la

tanzen; bailar
Tasse; taza, la
Tatsache; hecho, el
tausend; mil
Technik; técnica, la
Teil; pieza, la/parte, la/ componente, el
teilen; dividir
teilnehmen; participar
Temperatur; temperatura, la
teuer; caro
tief; profundo
Tier; animal, el
Tipp; consejo, el
Tod; muerte, la
tot; muerto
Tourist; turista, el
Tradition; tradición, la
tragen; llevar/soportar/ sostener
transportieren; transportar
Traum; sueño, el
traurig; triste
treffen; encontrar/ acertar
trennen; separar/ apartar
Treppe; escalera, la
treu; fiel
tun; hacer
Türschloss; cerradura, la
Tüte; bolsa, la

U

überqueren; cruzar/ atravesar
übersetzen; traducir
üblich; usual/habitual
übrig; restante
Uhrzeit; hora, la
Umgebung; alrededores, los/vecindad, la
umsonst; en vano/ gratis
ungefähr; aproximadamente
uns; nosotros
unser, -e; nuestro
unter; debajo de/bajo/ menos de
unterhalten; entretener/ mantener/conversar
Unterkunft; alojamiento, el/hospedaje, el
unterscheiden; distinguir/diferenciar
Unterschrift; firma, la

V

Vegetarier; vegetariano, el
verabreden; quedar/convenir/fijar
verabschieden; despedirse
verändern; cambiar
Veranstaltung; acto, el
verantwortlich; responsable
verboten; prohibido

verbrauchen; gastar/ consumir
Vergangenheit; pasado, el
vergessen; olvidar
vergleichen; comparar
verkaufen; vender
Verkehr; tráfico, el
Verkehrszeichen; señal de tráfico, la
verloren; perdido
vermieten; alquilar/ arrendar
versäumen; perder/ desaprovechar
verschieden; distinto/ fallecido
verspäten; retrasarse/ llegar tarde
versprechen; prometer
verstehen; entender
versuchen; intentar
verwandt; similar/ emparentado
verwenden; utilizar/ usar
Verzeihung; disculpa, la/ perdón, el
viel; mucho
vielleicht; quizás/ tal vez
Vogel; pájaro, el
Volk; pueblo, el
voll; lleno
von; desde, de
vorbei; pasado
vorn(e); delante
Vorsicht; cuidado, el
Vorteil; ventaja, la

W

wahr; verdadero/verídico
Wahrheit; verdad, la
Wald; bosque, el
Wand; muro, el/pared, la
wandern; caminar
wann; cuándo
Ware; mercancía, la
warm; caliente
warten; esperar
warum; por qué
was; qué
wecken; despertar
weg; ausente/perdido
weggehen; salir/irse/ marcharse
wehtun, sich; hacerse daño/doler
weich; blando
Weihnachten; Navidad, la
weit; lejos
welcher, -e, -es; cuál/qué
Welt; mundo, el
wenig; poco
wer; quién
werden; ponerse/ volverse
Westen; oeste, el
wichtig; importante

wie; cómo
wiederholen; repetir
Wiese; prado, el/ pradera, la
Winter; invierno, el
wir; nosotros
wissen; saber
wo; dónde
Woche; semana, la
Wochenende; fin de semana, el
wohnen; vivir
wollen; querer
Wort; palabra, la
Wörterbuch; diccionario, el
wütend; furioso/ enfadado

Z

Zahl; número, el/ cifra, la
zählen; contar
zeigen; enseñar/mostrar
Zeit; tiempo, el
Zeitung; periódico, el
zentral; central
zerbrechen; romper
Zettel; nota, la/hoja, la
Ziel; meta, la/destino, el
Zigarette; cigarrillo, el
zornig; furioso
zu; cerrado
zufrieden; contento
zu Hause; en casa
Zukunft; futuro, el
zurück; hacia atrás/ de vuelta
zurückkommen; volver
zusammen; juntos
zuschauen; mirar
Zuschauer; espectador, el
Zustand; estado, el
zuverlässig; fiable, de confianza
zu viel; demasiado
zuvor; antes
zu wenig; demasiado poco
zwar; a saber/o sea
Zweifel; duda, la
zweifeln; dudar
zweiter, -e, -es; segundo
zwischen; entre

Spanisch–Deutsch

A

a menudo; oft
a saber; zwar
a veces; manchmal
abierto; offen
abogado, el; Rechtsanwalt
abrir; öffnen
abuela, la; Großmutter
abuelo, el; Großvater
aburrido; langweilig
acabar; aufhören
aceptar; annehmen
acertar; treffen
acompañar; mitkommen/ begleiten
acontecimiento, el; Ereignis
acto, el; Veranstaltung
actual; aktuell
adecuado; passend
adentro; hinein
adquirir; kaufen
adulto, el; Erwachsener
afilado; scharf
agencia de viajes, la; Reisebüro
agradecer; danken
agradecido; dankbar
agujero, el; Loch
ahora; jetzt
aire, el; Luft
al contado; bar
al lado de; neben
alcohol, el; Alkohol
alegrarse; sich freuen
alegre; lustig
alegría, la; Freude
alemán; deutsch
alemán, el; Deutscher
alemana, la; Deutsche
Alemania; Deutschland
alguien; jemand
algunos; ein paar
alimentos, los; Lebensmittel
alojamiento, el; Unterkunft
alquilar; mieten/vermieten
alquiler, el; Miete
alrededores, los; Umgebung
alterar; ändern
alto; hoch
amable; freundlich/ lieb/nett
amar; lieben
amplio; breit
ancho; breit
andar; laufen/spazieren gehen
animal, el; Tier
año, el; Jahr
antes; zuvor
apagar; ausschalten (Licht ...)
apartar; trennen
aparte de; abgesehen von
apenas; kaum

aprender; lernen
aprobar; verabschieden
aprobar; annehmen
aproximadamente; etwa/ungefähr
apuntar; aufschreiben
apurarse; beeilen
aquí; hier
árbol, el; Baum
arrendar; vermieten
arriba; oben
arroyo, el; Bach
asesorar; beraten
áspero; rau
asustarse; erschrecken
atención, la; Achtung
atender; bedienen (Geschäft)
atrás; rückwärts/zurück
atravesado; quer
atravesar; überqueren
ausente; weg
Austria, -; Österreich
austríaco; österreichisch
auténtico; echt
autoridad, la; Behörde/ Autorität
autorizar; erlauben
ayuda, la; Hilfe
ayudar; helfen

B

bailar; tanzen
bajar; aussteigen
bajo; niedrig/unter
bañarse; baden
banco, el; Bank
barato; billig
barca, la; Boot
basura, la; Müll
bebé, el; Baby
bello; schön
bicicleta, la; Fahrrad
blanco, el; Ziel
blando; weich
bolígrafo, el; Kugelschreiber
bolsa, la; Tüte
bolso, el; Handtasche
bombón, el; Praline
bonito; schön
borracho; betrunken
bosque, el; Wald
botón, el; Schalter
broma, la; Spaß
buscar; suchen

C

cabalgar; reiten
cada una/uno; jeder, -e, -es
caer; fallen
caerse; stürzen
caja, la; Kasten
cajón, el; Schublade
calcular; rechnen
caliente; heiß/warm
callado; still/ruhig

callarse; schweigen
cambiar; (ver)ändern/ umtauschen
caminar; spazieren gehen/ wandern
camión, el; Lastkraftwagen
canción, la; Lied
cansado; müde
cantar; singen
capital, la; Hauptstadt
cara, la; Gesicht/Seite
caro; teuer
cartera, la; Brieftasche
casa, la; Haus
casi; fast
castigo, el; Strafe
catarro, el; Schnupfen
celebrar; feiern
celebrarse; stattfinden
central; zentral
centro, el; Mitte
cerca; nah(e)
cerrado; zu
cerradura, la; Türschloss
cerrar; (ab)schließen
chillar; schreien
cielo, el; Himmel
cifra, la; Zahl
cigarrillo, el; Zigarette
ciudad, la; Stadt
claro; hell
cocina, la; Küche
cocinar; kochen
coger; nehmen/holen
colegio, el; Schule
color, el; Farbe
coloreado; bunt
comedor, el; Esszimmer
comenzar; anfangen
comer; essen
comida, la; Essen
comienzo, el; Beginn
cómo; wie
cómodo; bequem
comparar; vergleichen
completo; ganz
componente, el; Teil
comprar; einkaufen/ kaufen
comprobar; prüfen
con; mit
conducir; fahren
confirmar; bestätigen
conocer; kennen
conocido; bekannt
consejo, el; Tipp
conservar; behalten
consideración, la; Rücksicht
constipado, el; Schnupfen
consumir; verbrauchen
contar; rechnen/zählen/ erzählen
contemplar; betrachten
contento; zufrieden
contra; gegen
controlar; prüfen
convenir; verabreden

conversación, la; Gespräch
conversar; sich unterhalten
correcto; richtig
corriente, la; Strom
cortar; schneiden
cortés; höflich
corto; kurz
cosa, la; Gegenstand/Sache
costa, la; Küste
costar; kosten
creer(se); glauben
criticar; schimpfen
cruzar; überqueren
cuál; welcher, -e, -es
cuándo; wann
cuerpo, el; Körper
cuidado; Vorsicht/Achtung
culpable; schuldig
cultura, la; Kultur
curioso; neugierig

D

dañar; beschädigen
dar; geben
dar las gracias; danken
dar un paseo; spazieren gehen
darse cuenta; merken
darse prisa; beeilen
datos personales, los; Angaben zur Person
de acuerdo; einverstanden
de memoria; auswendig
de momento; derzeit
de varios colores; bunt
de vez en cuando; manchmal
de vuelta; zurück
debajo de; unter
deber; sollen/müssen/dürfen
deber, el; Pflicht
débil; schwach
decepcionado; enttäuscht
decidir; entscheiden
decir; sagen
dedo, el; Finger
deducir; schließen
dejar; lassen
delante; vorn(e)
delgado; schlank
demasiado; zu viel
demasiado poco; zu wenig
denso; dicht
dentro; drinnen
denuncia, la; Anzeige (Polizei)
deporte, el; Sport
derramar; schütten
desaprovechar; versäumen
descansar; ausruhen
descubrir; entdecken
desde, de; von
desear; mögen/sich wünschen
deshacer; auspacken
desilusionado; enttäuscht

desnudarse; sich ausziehen
despedirse; sich verabschieden
despertar; wecken
despertarse; aufwachen
después; später
destino, el; Ziel
desventaja, la; Nachteil
deteriorar; beschädigen
detrás; hinter
día, el; Tag
diccionario, el; Wörterbuch
diferenciar; unterscheiden
difícil; schwierig/schwer
Dios; Gott
dirección, la; Richtung/Adresse
disculpa, la; Entschuldigung
disputa, la; Streit
distinguir; unterscheiden
distinto verschieden
diversión, la; Spaß
divertido; lustig
dividir; teilen
doler; wehtun
dónde; wo
dormir; schlafen
dormirse; einschlafen
duda, la; Zweifel
dudar; zweifeln
durar; dauern
duro; hart/schwer

E

económico; günstig
ejemplo, el; Beispiel
él; er
el otro día; neulich
el resto; übrig
ella; sie
empapado; nass
emparentado; verwandt
empezar; anfangen
empujar; schieben/stoßen
en alguna parte; irgendwo
en breve; bald
en cambio; dafür
en casa; zu Hause
en contra; dagegen
en contra de; entgegen
en efectivo; bar
en frente; gegenüber
en ningún lugar; nirgends
en ninguna parte; nirgends
en sentido transversal; quer
en vano; umsonst
encender; einschalten (Licht ...)
encontrar; finden/treffen
encontrarse; sich treffen
enfadado; wütend
enfermo; krank
enseguida; sofort
enseñar; zeigen/lehren
entender; verstehen
enterarse; erfahren
entrar; eintreten

entre; zwischen
entretener; unterhalten
equivocado; falsch
erróneo; falsch
error, el; Fehler
es; ist
es una lástima; schade
escalera, la; Treppe
escalón, el; Stufe
escribir; schreiben
escuchar; hören
escuela, la; Schule
espectador, el; Zuschauer
espejo, el; Spiegel
esperar; (er)warten/ hoffen
esquí, el; Ski
ésta; dieser, -e, -es
está; ist
estado, el; Zustand
estancia, la; Aufenthalt
estantería, la; Regal
estar ausente; fehlen
estar de pie; stehen
estar sentado; sitzen
estar tumbado; liegen
éste, -o; dieser, -e, -es
este, el; Osten
estrecho; eng/schmal
estrés, el; Stress
estufa, la; Ofen
exacto; richtig/recht
examinar; prüfen
excepción, la; Ausnahme
exigir; auffordern
explicar; erklären
extranjero, el; Ausland/ Ausländer
extraño; fremd/seltsam

F

fácil; leicht/einfach
fallecer; sterben
fallecido; verschieden
falso; falsch
falta, la; Fehler
faltar; fehlen
famoso; berühmt
farmacia, la; Apotheke
fecha, la; Datum
felicidad, la; Glück
feliz; glücklich
feo; hässlich
fiable, de confianza; zuverlässig
fiel; treu
fijar; verabreden
fin de semana, el; Wochenende
fin, el; Ende/Schluss
final, el; Schluss
firma, la; Unterschrift
flojo; locker
flor, la; Blume
florecer; blühen
frecuentemente; oft
fregar; putzen
frío; kalt

fuego, el; Feuer
fuente, la; Schüssel
fuera; außen/draußen
fuerte; scharf/stark
fumar; rauchen
furioso; zornig/wütend
futuro, el; Zukunft

G

ganar; gewinnen
gastar; verbrauchen
gato, el; Katze
girar; abbiegen
gobernar; regieren
gobierno, el; Regierung
golpear; klopfen/stoßen
gratis; umsonst
gritar; schreien/rufen
grupo, el; Gruppe
guardar; behalten
guardar silencio; schweigen
guarro; schmutzig
guiar; führen
gustar; gefallen/mögen

H

habitante, el/la; Einwohner
habitual; üblich
hablar; reden/sprechen
hace poco; neulich
hacer; machen/tun
hacerse daño; sich weh tun
hambre, el; Hunger
hay que; müssen
hecho, el; Tatsache
helado, el; Speiseeis
hielo, el; Glatteis
hoja, la; Zettel
hombre, el; Mensch/Mann
hora, la; Stunde/Uhrzeit
horno, el; Ofen
horrible; schrecklich
hospedaje, el; Unterkunft
hospital, el; Krankenhaus
hostal, el; Gästehaus
huelga, la; Streik
humano, el; Mensch
húmedo; feucht/nass

I

idéntico; gleich
idioma, el; Sprache
idioma extranjero, el; Fremdsprache
iglesia, la; Kirche
igual; gleich
igualmente; ebenfalls/gleichfalls
iluminado; hell
importante; wichtig
inclinado; schief
inconveniente, el; Nachteil
industria, la; Industrie
información, la; Auskunft
inicio, el; Beginn
inmediatamente; sofort

inteligente; klug
intenso; satt
intentar; versuchen
interesante; interessant
interesar; interessieren
interruptor, el; Schalter
invierno, el; Winter
invitar; einladen (Gast)
ir; gehen/fahren
ir en bicicleta; Rad fahren
irse; weggehen
isla, la; Insel
Italia; Italien
italiano; italienisch/ Italiener

J

jardín, el; Garten
jefe, el; Chef
joven; jung
juego, el; Spiel
junto a; neben
juntos; zusammen
justo; richtig/recht/ gerecht

L

lado, el; Seite
ladrón, el; Dieb
lámpara, la; Lampe
lanzar; stoßen
largo; lang
leer; lesen
lejos; weit
lengua extranjera, la; Fremdsprache
lengua materna, la; Muttersprache
lengua, la; Sprache/Zunge
lento; langsam
letra, la; Buchstabe
levantarse; aufstehen
libertad, la; Freiheit
libre; frei
libro, el; Buch
limpiar; putzen
limpio; sauber
listo; fertig
literatura, la; Literatur
litro, el; Liter
llamada de socorro, la; Notruf
llamar; (an)rufen/klingeln
llano; flach
llegar; ankommen
llegar tarde; sich verspäten
lleno; voll/satt
llevar; tragen/mitnehmen
lugar, el; Stelle/Platz
luna, la; Mond
luz, la; Licht

M

mal; schlecht/schlimm
malentendido, el; Missverständnis
mañana, la; Morgen
manta, la; Bettdecke

mantener; unterhalten
mapa, el; Landkarte/ Straßenkarte
mar, el; Meer
marcharse; weggehen
más; mehr
más o menos; ungefähr
medianoche, la; Mitternacht
medio; halb
medio, el; Mitte
mediodía, el; Mittag
mejor; besser
menos de; unter
mentira, la; Lüge
menú, el; Speisekarte
mercado, el; Markt
mercancía, la; Ware
mes, el; Monat
meta, la; Ziel
mi; mein, -e
miedo, el; Angst
mil; tausend
minuto, el; Minute
mirar; sehen/(an-, zu-) schauen
mis; mein, -e
misma, -o; gleicher, -e, -es
mismo; selbst
mitad, la; Hälfte/Mitte
mojado; nass
molestar; stören
momento, el; Augenblick
montaña, la; Berg
monte, el; Berg
morir; sterben
mover; bewegen
moverse; bewegen
mucho; sehr/viel
mucho tiempo; lange
muerte, la; Tod
muerto; tot
mujer, la; Frau
mundo, el; Welt
muro, el; Mauer
nada; nichts

N

nadar; schwimmen
nadie; niemand
naturaleza, la; Natur
naturalmente; natürlich
Navidad, la; Weihnachten
necesario; nötig/notwendig
necesitar; brauchen
nervioso; nervös
ninguna, -o; kein, -e, -er
ningunas, -os; keine
nivel, el; Stufe
no; nicht
noche, la; Abend/Nacht
norma, la; Regel
normal; normal
norte, el; Norden
nosotros; wir/uns
nota, la; Zettel
nuestro; unser, -e
número, el; Zahl

O

o; oder
o sea; zwar
obtener; erhalten
ocasión, la; Gelegenheit/Chance
ocurrir; geschehen
oeste, el; Westen
oferta, la; Angebot
oficina, la; Büro
ofrecer; (an)bieten
oír; hören
ojalá; hoffentlich
olvidar; vergessen
opinión, la; Meinung
oportunidad, la; Gelegenheit/Chance
orden, el; Reihenfolge
ordenado; ordentlich
ordenador, el; Computer
oscuro; dunkel
otoño, el; Herbst
otro, -a, -os, -as; anderer, -e, -es

P

padres, los; Eltern
página, la; Seite
país, el; Land
pájaro, el; Vogel
palabra, la; Wort
panorama, el; Ausblick
papel, el; Papier
para; für
para nada; umsonst
parada, la; Bushaltestelle
paraguas, el; Regenschirm
parar; (an)halten
parecer; aussehen
pareja, la; Paar
pariente, el; Angehörige
parte, la; Teil
participar; teilnehmen
partir; abfahren/abreisen
pasado; vorbei
pasado, el; Vergangenheit
pasaporte, el; Reisepass
pasar; geschehen
Pascua, la; Ostern
pecho, el; Brust
pedido, el; Auftrag
pedir; bitten
pegar; passen
peldaño, el; Stufe
pelea, la; Streit
peligroso; gefährlich
pelo, el; Haar
pelota, la; Ball
pena, la; Strafe
pensamiento, el; Gedanke
pensar; (nach)denken
perder; verlieren
perdido; verloren
perdón, el; Verzeihung
periódico, el; Zeitung
permitir; erlauben
pero; aber
perro, el; Hund
persona, la; Person

personalmente; persönlich
pertenecer; gehören
pesado; schwer
picante; scharf
pie, el; Fuß
piedra, la; Stein
pierna, la; Bein
pieza, la; Teil
plan, el; Plan
planificar; planen
plano; flach
planta, la; Pflanze
playa, la; Strand
población, la; Bevölkerung
pobre; arm
pocas veces; selten
poco; bisschen/wenig
poder; können/dürfen
podrido; faul
poner; setzen
ponerse; werden
popular; beliebt
por; für/pro
por desgracia; leider
por separado; einzeln
porción, la; Portion
porque; denn
por qué; warum
poseer; haben/besitzen
posibilidad, la; Möglichkeit
práctico; praktisch
preciso; nötig/notwendig
preguntar; fragen
prenda, la; Kleidungsstück
preocupación, la; Sorge
primera, -o; erster, -e, -es
privado; privat
probar; beweisen/probieren
problema, el; Problem
profesión, la; Beruf
profesor, el; Lehrer
profundo; tief
prohibido; verboten
prometer; versprechen
pronto; bald
propia, -o; eigener, -e, -es
próximo; nächster, -e, -es/nah(e)
proyectar; planen
público; öffentlich
pueblo, el; Dorf/Volk
pues; denn
puntual; pünktlich

Q

qué; welcher, -e, -es/was
qué lástima; schade
quedar; verabreden
quedarse; bleiben
quedarse con; behalten
quemar; brennen
querer; lieben/mögen/wollen
quién; wer
quieto; ruhig
quizás; vielleicht

R

ración, la; Portion
radio, la; Radio
rápido; schnell
raramente; selten
raro; seltsam
razón, la; Grund
reacción, la; Reaktion
reaccionar; reagieren
rechazar; ablehnen
recibir; bekommen/annehmen/erhalten
recibo, el; Quittung
recoger; (ab)holen
recordar; erinnern
recto; gerade
reflexionar; nachdenken
regalar; schenken
regla, la; Regel
reír(se); lachen
relación, la; Beziehung
relámpago, el; Blitz
reñir; schimpfen
repetir; wiederholen
reposar; ausruhen
rescatar; retten
reservar; buchen
respetar; achten
respirar; atmen
responsable; verantwortlich
respuesta, la; Antwort
restante; übrig
resto, el; Rest
retrasarse; sich verspäten
rico; reich
río, el; Fluss
robar; stehlen
rogar; bitten
romper; zerbrechen
roto; kaputt
rozar; berühren
rubio; blond
ruido, el; Lärm
ruidoso; laut

S

saber; wissen/erfahren
sacar; holen
salir; weggehen/abreisen/abfahren
saltar; springen
saludable; gesund
saludar; (be)grüßen
salvar; retten
sangrar; bluten
sano; gesund
se; sich/man
secreto; geheim
sed, la; Durst
segundo; zweiter, -e, -es
seguro; gewiss/sicher
semáforo, el; Ampel
semana, la; Woche
señal de tráfico, la; Verkehrszeichen
señor, el; Herr
señora, la; Dame/Frau
sentar bien; passen

sentarse; (hin)setzen
sentir; fühlen/leidtun
separar; trennen
servir; bedienen (Restaurant)
siempre; immer
significar; bedeuten
siguiente; nächster, -e, -es
silencio, el; Ruhe
silencioso; still/leise/ruhig
silla, la; Stuhl
similar; ähnlich/verwandt
simpático; nett/sympathisch
simple; einfach
sin; ohne
sitio, el; Stelle/Lage
socorrer; retten
sofá, el; Sofa
sol, el; Sonne
solamente; nur
solicitar; beantragen
solo; nur/allein
sonreír; lächeln
soportar; ertragen
sostener; tragen
su; sein, -e
subir; einsteigen
sucio; schmutzig
suelo, el; Boden
sueño, el; Traum
suerte, la; Glück
suficiente; genug
Suiza; Schweiz
superior, el; Chef
sur, el; Süden
sustancia, la; Stoff

T

tal vez; vielleicht
también; auch
tardar; dauern
tarde; spät
tarde, la; Nachmittag
tarea, la; Aufgabe
taza, la; Tasse
técnica, la; Technik
tela, la; Stoff
teléfono de emergencia, el; Notruf
temer; fürchten
temperatura, la; Temperatur
tener aspecto de; aussehen
tener frío; frieren
tener lugar; stattfinden
tener permiso; dürfen
tener que; müssen
tercera, -o; dritter, -e, -es
terminado; fertig
terminar; aufhören
terrible; schrecklich/schlimm
tía, la; Tante
tiempo, el; Zeit
tierra, la; Erde
tijeras, las; Schere
timbre, el; Klingel

tocar; berühren
tocar el timbre; klingeln
todo; ganz
todo, -a, -os, -as; all, -e, -es
tomar; nehmen
tomar una foto; fotografieren
torcido; schief
trabajar; arbeiten
tradición, la; Tradition
traducir; übersetzen
traer; mitnehmen/bringen
tráfico, el; Verkehr
transportar; transportieren
trineo, el; Schlitten
triste; traurig
tú; du
turista, el; Tourist
tuyo, -a; dein, -e

U

último, -a; letzter, -e, -es
un, una; ein, -e, -es
uno por uno; einzeln
unos pocos; ein paar
urgente; dringend
usar; benutzen/verwenden
usual; üblich
utilizar; benutzen/verwenden

V

vacaciones, las; Ferien
vacío; leer
vajilla, la; Geschirr
variar; ändern
vecindad, la; Umgebung
vegetariano, el; Vegetarier
vender; verkaufen
venir; kommen
ventaja, la; Vorteil
ver; sehen
ver la televisión; fernsehen
verano, el; Sommer
verdad, la; Wahrheit
verdadero; wahr
verídico; wahr
vestirse; anziehen
vida, la; Leben
viejo; alt
visitar; besichtigen/besuchen
vista, la; Ausblick
vivir; leben/erleben/wohnen
vivo; lebendig
volar; fliegen
volver; zurückkommen
vosotros, -as; euch
voz, la; Stimme
vuestro, -a; euer, eure
yo; ich